时间分块法

[美] 达蒙·扎哈里亚德斯　著
（Damon Zahariades）

秦程程　译

中国科学技术出版社
·北　京·

The Time Chunking Method : A 10-Step Action Plan For Increasing Your Productivity by Damon Zahariades.

Copyright © 2017 by Damon Zahariades.

Simplified Chinese translation copyright © 2021 by China Science and Technology Press Co., Ltd.

Simplified Chinese rights arranged through CA-LINK International LLC (www.ca-link.cn).

All rights reserved.

北京市版权局著作权合同登记　图字：01-2021-1663。

图书在版编目（CIP）数据

时间分块法 / （美）达蒙·扎哈里亚德斯著；秦程
程译 . — 北京：中国科学技术出版社，2021.5

书名原文：The Time Chunking Method: A 10-Step
Action Plan For Increasing Your Productivity

ISBN 978-7-5046-9037-1

Ⅰ . ①时… Ⅱ . ①达… ②秦… Ⅲ . ①时间—管理
Ⅳ . ① C935

中国版本图书馆 CIP 数据核字（2021）第 084609 号

策划编辑	杜凡如　吕赛熠　许云峰	
责任编辑	陈　洁	
封面设计	马筱琨	
版式设计	锋尚设计	
责任校对	焦　宁	
责任印制	李晓霖	

出　　版	中国科学技术出版社	
发　　行	中国科学技术出版社有限公司发行部	
地　　址	北京市海淀区中关村南大街 16 号	
邮　　编	100081	
发行电话	010-62173865	
传　　真	010-62173081	
网　　址	http://www.cspbooks.com.cn	

开　　本	880mm×1230mm　1/32	
字　　数	70 千字	
印　　张	4.5	
版　　次	2021 年 5 月第 1 版	
印　　次	2021 年 5 月第 1 次印刷	
印　　刷	北京盛通印刷股份有限公司	
书　　号	ISBN 978-7-5046-9037-1/C·174	
定　　价	59.00 元	

与时间分块法不期而遇

　　说到时间管理，我的"黑历史"简直数不胜数。从清晨到深夜，我的精神总是难以集中，我很想从闲杂之事中将自己解救出来，怎奈分身乏术。想当初，我还在公司任职时，同事们常常凑堆儿闲聊，从家常琐事说到风月情场。我虽没主动发起话题，但被动参与闲聊同样耗费了我的时间与精力。

　　当我离职自己创业后，情况也没好到哪去。朋友们知道我待在家不用上班，于是纷纷打电话问候我。估计在他们眼中，我应该整天无所事事，悠闲地穿着浴袍看电视剧《X档案》(The X-Files)的重播吧。

　　如果你同为创业者，对于以下情况，你肯定深有体会。你好不容易匀出大把时间供自己支配，你是如何表现的呢？你在所谓的工作时间里又做了些什么？好吧，我承认我经常走神，甚至不务正业。在视频网站上看喜欢的明星的视频可比创建网站有趣多了，浏览我最喜欢的论坛和博客更是棒极了，谁愿意写那些无聊的东西（比如关于汽车零部件，或由我经手的其他项目的文章）！

长此以往，我的生活被我弄得一团糟。我每天可自由支配的时间长达16个小时，而我却将其白白浪费，真正用于工作的时间屈指可数。

对创业者来说，这个问题相当严重。不工作，钱从哪来？用劳动换取面包的道理不言自明。

因此，我开始拼命搜索别人关于时间管理的各种建议，好比饥饿的鬣狗面对一块鲜嫩牛肉——早已垂涎多时。

我与时间分块法的不期而遇恰从此刻开始。毫不夸张地说，时间分块法的使用为我的生活注入了新鲜空气，也彻底改变了我的工作方式。我明白了如何做才能提高工作效率，一切都变得有章可循。从此，我开始在对我更重要的人和项目上投入更多时间。

我必须承认，时间分块法不是一种魔法，不可能会有立竿见影的效果。培养任何习惯都需要时间，需要努力与勤奋，你要做的就是尽可能地将这种习惯融入你的日常生活。在运用这一方法的初始阶段，频频犯错无可避免，学会掌控时间绝非一朝一夕之功。

失败并不可怕，只要你能及时总结经验教训，找到引发问题的原因并予以解决就可以。文中的步骤4会对这方面进行详细说明。

值得探索的问题还有很多。我们闲话少叙，书归正传，以便你可以尽快操作起来。切记多多实践，否则再好的建议也无法帮助到你。

毕竟，实践出真知。

养成好习惯（或戒掉坏习惯）之前，你必须先弄明白自己要这样做的原因。因此，在本书的开始部分，我会先跟你谈谈时间分块法将如何改变你的生活。

倘若你从未用时间分块法解决过任何问题，那么请尝试一下，你会爱上它。工作流程管理是一种非常有用的方法。如果你使用过，但还未对其进行深入研究，请不要着急，本书将对时间分块法进行系统梳理，保证你充分体验到它的实用性。

目录

> 想将时间分块法融入日常生活，你首先要明白为何要使用时间分块法。

明晰原因方能催生动力。你唯有知道运用时间分块法的理由，才能确保这件事值得让你花费时间与精力。不仅如此，你列举的理由还要令人信服，具备说服力，这样一来，当你遭遇阻碍或者跌入困境时，才能找到前进的动力。

例如，你想定期锻炼身体。如果你事先不想清楚为何要锻炼身体，我保证你会半途而废（这可是经验之谈）。但仅想清楚还不够，你必须确保你的理由足够令人信服。

假设你决定锻炼身体可能是因为你刚看了电影《搏击俱乐部》(*Fight Club*)，你想拥有布拉德·皮特（Brad Pitt）那样的身材。也许你是位女性，你可能会对吉莉安·迈克尔斯（Jillian Michaels）的完美曲线垂涎欲滴。无论以上哪种情况，这类原因都不足以支撑你达成最终目标。当你深感疲惫，身体不适或者只是想偷懒时，"榜样的力量"都会显得如此微不足道。

因为这些理由不足以刺激到你。

再比如，你患有心脏病。医生前来探视时，告诉你心脏病发作的原因是过度肥胖导致的冠状动脉堵塞。他建议你瘦身，远离垃圾食品，否则你仍可能会心脏病发作，甚至失去生命。以死亡相威胁，这个理由足以让你做出改变。倘若你某天没坚持锻炼，或者禁不住诱惑吃了垃圾食品，那么你之前的不良习惯（很可能）又会故态复萌。

参考上面的例子，各位不妨思考一下，自己为何要采用时间分块法。

别告诉我你想提高工作效率。这个目标听上去不错，但纯属人云亦云，不具有任何意义，因为没人想降低工作效率。换句话说，这个"目标"不够令人信服，无法为你提供充足的动力，也无法助你克服前进道路上的阻碍。相信我，如果你真的以这个理由使用时间分块法，那你会遇到重重困难。

我们在此继续深挖。提高工作效率后，你的生活将如何得到改善？下面是我列出的一些目标，以作抛砖引玉之用。

- 减少每天（每周）所承受的心理压力。

- 做好减压，有效改善睡眠。

- 工作时长更少，但收入不减少。

- 在不增加每天工作时长的基础上提高收入水平。

- 有更多时间陪伴挚爱的亲人。

- 业务量尽快达标。

- 生产、运输更多产品。

你的目标可能跟我的有所重合，这很正常。所有人都想减压，改善睡眠质量，多挣钱，但个人特色同样必不可少。

例如，你可能想在同龄人中更具声望，想通过提高工作效率以增强自信心，想和致敬史蒂夫·雷·沃恩（Stevie Ray Vaughan）乐队的小伙伴们经常去咖啡馆演出，或者希望有更多的时间照顾生病的父母，等等。

目标越具体，说服力越强。当你选择用时间分块法管理日常工作时，这些细节将起到关键性作用。

千万别跳过该步骤，它的重要性不言而喻。

简要提示

　　当你思考时间分块法将如何改善你的生活时，我强烈推荐你用纸和笔列出一个清单，将其贴在办公室的墙上，或者用电子文档记录下来，打印后贴在墙上。

　　目标的力量是强大的。把你的目标写出来并执行下去，你自会奋勇向前。

　　完成了关键的第一步后，我们需要了解时间分块法的基本定义和使用方法。下面，我们开始第二步。

理解规则才能打破规则，据说这是贝多芬的名言。

步骤2是对时间分块法工作原理的大揭秘。此部分内容是对这一方法最基本的介绍。详细解读时间分块法的文章随处可见，你随意点开一个网页就能找到。也许你已经读过以下内容了，其实我本打算跳过该步骤，但在这本入门指南里没有阐述时间分块法的基本原理貌似不太恰当。因此，重温一下时间分块法的使用方式还是有必要的。

温馨提示

我会尽量节省笔墨，把更多篇幅留给精华部分——如何在日常工作中运用时间分块法和灵活调整时间分块法，让它为生活增光添色。

时间分块法的原理

你可以以半小时为单位切分工作时间。前25分钟，你集中精力做好某项或者某几项工作（关于批量完成任务的问题，下文另有涉及），用最后5分钟来休息。

但切忌一整天都保持这个频率，否则你会有倦怠感。你可以在每次进行到第4个周期时就犒劳一下自己，一口气休息15分钟。下面用文字来介绍这种时间分块计划：

- 工作25分钟。
- 休息5分钟。
- 工作25分钟。
- 休息5分钟。
- 工作25分钟。
- 休息5分钟。
- 工作25分钟。
- 休息15分钟，完成。

休息时间你干什么都可以，只要不超过5分钟即可。

也许5分钟看起来很短，但这才是关键所在。别幻想你可以看完电视剧《行尸走肉》（*Walking Dead*）最新的一集，5分钟只够你伸伸腰，抻抻腿，吃点零食。

休息结束后，接着继续工作25分钟。

在本书步骤8里，我将为你提供一份清单。这份清单可以告诉你休息时间适合做什么，里面全是我喜欢的事。除此之外，为了配合读者的喜好，我还准备了其他选项，让我们先一步一步来。

集中力量干一件事VS批量完成任务

请你在25分钟内集中精力做好一项工作。假如你正在写博客，那么请你忽视任何与写作无关的事，集中精力干好手头的工作，直到25分钟结束。假如你正在做损益报告，也请集中精力完成任务。

摒除那些让你分心的东西——说比做容易，对此我深有体会。将时间分块法融入日常生活后，你会碰到诸多类似的问题。因此在步骤4里，我会提供几条建议，让你能最大限度地投入工作，避免分心分神。

有时，你的任务清单上会积累越来越多细碎但又不可避免的工作。例如，付车险、清除厨房里的垃圾，或者把要洗的衣服扔进洗衣机，等等。每项工作都用不了25分钟，最多用两三分钟就搞定了。

在这种情况下，分批一起处理最节省时间。将相互关联的任务安排到一起，25分钟内"解决战斗"。如此可以让你有效地避免分心分神。你分心越少，工作效率越高。

分批完成任务有助于提高你的工作效率，以免被无穷无尽的琐事打乱节奏。不仅如此，你还能从待完成任务清单中一口气划掉许多项目，想想就觉得过瘾。鉴于这两点，批量处理法很值得一试。

简要提示

批量处理不等于左右开弓。即便是批量完成工作，每次也只能专注于一项任务。对照清单，按部就班，在25分钟内依次完成所有工作。

提前完成任务该如何处理

每项工作都能在25分钟之内完成，这是不现实的。有的工作需要你耗费更多时间，有的工作则只能用"漫长"二字来形容。这种时候，你要用几个时间分块来完成这些任务。

除此之外，还有一种情况无法避免。某个长达25分钟的时间分块尚未结束——或许只用了10分钟——但工作已经做完。剩下的时间该如何支配？

从理论上讲，你应该利用剩余时间对已完成的工作进行复盘，并找出需要改善的地方。可是，假设你已经做到了尽善尽美，或者想要进行新的工作，这种情况你该如何处理？

很简单，重起炉灶。你可以先休息5分钟，然后复盘待完成事项清单，挑选新任务，最后重新使用时间分块法完成新任务。

时间分块法为何如此有效

时间分块法有助于提高工作效率，究其原因，共有以下4点：

（1）大脑不必长时间集中注意力。

（2）打破拖延的恶性循环。

（3）杜绝一心多用，避免分散注意力。

（4）重视结果，淡化过程。

人的大脑无法长时间专注于某件事。运用时间分块法就是主动为大脑减负，把集中精神工作的时间缩短为25分钟。

提到拖延，大部分人都有拖延的习惯，只有得了妄想症或虚伪的家伙才会矢口否认。缺乏动力是拖延的根源所在，我们每个人都深受其害。时间分块法以半小时为单位，将工作时间进行切分，这种方式便于操作，有效杜绝了因动力不足而导致的拖延症。无论我们是否能满怀激情地投入工作，工作25分钟，休息5分钟，人人都能做到。

众所周知，分心分神会导致工作效率降低，"左右开弓"最易让人分神。事实上，你同时兼顾多项工作时不可能做到精力集中。但知道这一点的人却不多。时间分块法不给你一心多用的机会，从而降低了你分心分神的可能性。

最后，时间分块法以结果为导向，能鼓励人们积极完成任务。如果你缺乏时间观念，无法在合理时限内完成工作，时间分块法就显得尤为重要。以25分钟为限，你可以精确计算出完成每项工作的时长。花费适当的时间完成相应的工作，这会成为推动你前进的巨大动力。

最后的叮嘱

仅看以上内容，你可能觉得时间分块法太死板，甚至过于严苛。其实步骤2列出的只是时间分块法的基本内容，简单告诉我们基本的做法，仅此而已。在实际应用中，我们可以，也应该根据自己的情况对其进行调整，让它为生活增光添色。

　　根据每个人的具体情况制定出适合自己的独具特色的时间分块计划，而非千篇一律、强人所难，被书中的条条框框限制住手脚，这才是本书的宗旨所在。

　　带着这个观点，让我们一起进入第三个步骤吧!

如何让时间分块法与生活相融合

> 我们之所以要养成某种习惯（包括运用时间分块法），唯一的原因是这样做有助于我们提高生活质量，仅此而已。

许多人将"放手去做"（Get Things Done，GTD）[1]奉为时间管理的真谛，还有人崇尚由已故的史蒂芬·柯维（Stephen Covey）提出的更简单直白的《高效能人士的七个习惯》（*The 7 Habits of Highly Effective People*）。（严格说来，柯维的"习惯"模式重点在于实现目标，而非提高工作效率。但这并不妨碍某些人把这种模式当成提高工作效率的宝典。）除此之外，还有人钟情于艾森豪威尔矩阵[2]。

然而，无论是"放手去做"，还是柯维的"习惯"模

---

[1] 一种管理方法，意思是把需要做的事情做好。其核心理念是必须记下要做的事情，然后整理安排并使自己——执行。5个核心原则是收集、整理、组织、回顾、执行。——译者注

[2] 也被称为时间管理矩阵，它把事情按其紧迫性和重要性分为4类，以此形成时间管理的矩阵。——译者注

式，抑或其他五花八门的理论，在探讨所谓的时间管理法则时，我们都忽视了重要的一点——个体差异性。

无论采取哪种时间管理法，它必须和我们的现有工作方式互补，从而能形成促进之势。例如，使用时间分块法修正现有的工作流程，让我们能在更短时间内完成更多工作。我们并非抛弃原有的工作方式，而是在原有工作方式的基础上去粗取精，去伪存真，留下核心部分，以找到适合自己的时间管理法则，最后按部就班，将它融入日常生活。

换句话说，无论是时间分块法，还是其他有助于提高工作效率的方法，能够和我们固有的工作方式相融合是首要前提。否则，失败将无可避免。为证明这一观点，我不惜现身说法。

为何无法提高工作效率：
我的时间管理黑历史

不知从多少年前，我就对提高自己的工作效率这个话题抱有极大的热情。当时我还没开始研究自己应如何更加有效地管理时间——实话实说，研究时间管理可不是个轻松的任务——但我经常阅读相关书籍，通过这种既被动、又主动的方式，我开始尝试提高自己的工作效率。

结果自不必说，失败是肯定的。

生活步入正轨后，我决心加强自己对时间的管理。我尝试过多种时间管理法，但碍于种种原因，全都半途而废。那些时间管理法不能与我原有的工作方式相融合，它们的组织化工具太过复杂，缺乏可操作性。

最终，我与大卫·艾伦（David Allen）的"放手去做"不期而遇。这套时间管理法新奇而有趣，当时人人都在谈论它。有些人甚至声称"放手去做"是唯一值得考虑的时间管理法。

因此，我决定尝试一下。

先来谈谈何为"放手去做"。对此略有耳闻的读者应该知道，"放手去做"是鼓励你列出一份任务清单（或者多份清单，这取决于你完成任务的时间）。如果一项大任务里包含许多小任务，你要先将其分解成若干个部分，然后再逐一写入清单。总之一句话，"放手去做"就是让你提前想好自己要做什么，然后集中精力干好手头的工作。

你每完成一项任务，可以用笔划掉一项。"放手去做"还包含其他内容，例如，建立一个针对任务清单的追踪、检索系统等。因为这里主要叙述我的个人经历，所以略过不表。

但事实证明，"放手去做"并不适合我，或者我不适合它。总之，这个方法对我来说不管用。

具体原因如下：任务清单把我搞得焦头烂额。当时，我用几天时间写下今天、明天、下周、下个月、明年、3年内甚至更久之后要完成的工作。待到第5天结束，任务清单上已经累积了成百上千条需要完成的工作。更糟糕的是，我每天都要往清单上添加新任务。因此清单不仅没缩短，反而越来越长。这让我备受煎熬，干什么都提不起兴趣。完成清单上的某项任务后，我还要花时间把这项工作找出来并划掉！

我承认，我没有很好地贯彻"放手去做"工作法。它的内容繁杂，而我的头脑简单，两者根本无法契合。最终事实证明，"放手去做"工作法并非我的理想之选。

现在，让我们继续回到时间分块法。

按照工作流程调整时间分块法

首先让我们回忆一下时间分块法的基本内容——工作25分钟，休息5分钟。完成4个时间分块后——或者严格说来，在第4个时间分块结束后——一口气休息15分钟。

实话实说，这种时间安排不适合我，它和我的工作方式也不契合。

我经常写作，我需要为客户撰写文章、写书、写博客，有时也写东西给自己看。写作需要好的状态，只有状态好了，才能文思泉涌，下笔有神。

这正是问题所在：任何分心分神都会影响我写作的状态。状态没了，创作的动力也随之消失。我至少需要20分钟才能重新找回状态，有时情况更糟，任凭我怎么努力，状态也找不回来。

初始阶段，我也把工作时长定为25分钟。但实践证明，休息过于频繁会破坏我的写作状态。在5分钟的休息时间里，我总担心自己在下一个工作周期是否能找回状态。于是，当下一个25分钟开始后，我便体会到了何为文思枯竭。

因此，我对时间分块法进行了些许调整，以适应自己的工作节奏。最终调整结果如下：

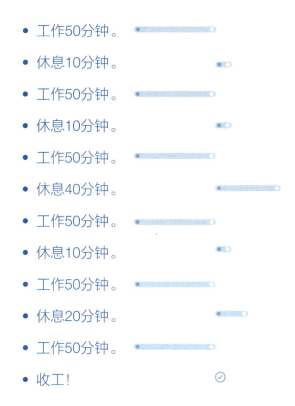

- 工作50分钟。
- 休息10分钟。
- 工作50分钟。
- 休息10分钟。
- 工作50分钟。
- 休息40分钟。
- 工作50分钟。
- 休息10分钟。
- 工作50分钟。
- 休息20分钟。
- 工作50分钟。
- 收工！

你可以注意到我把单位分块内的工作时间延长了（从25分钟延长至50分钟），休息时间也进行了相应扩展。不仅如此，相比于传统的4个分块为一周期，我选择了3个分块为一周期。

将工作时长调整到50分钟后，我有了更充足的时间进入状态并完成写作。这对我相当重要。工作50分钟后，分心分神也无所谓了，因为我刚好需要休息。

每过25分钟休息一次不适合我。事实上，休息太频繁会降低工作效率。现在我已经习惯了工作50分钟并休息10分钟这种时间分块模式。并且，当第3个时间分块结束后，我可以利用40分钟的休息时间吃顿饭。倘若时间合适，我还能再睡一会。

你不要相信纯化论者[1]的话，根据你的个人情况调整时间分块法是你的自由。例如，你可以通过调整时间分块的工作及休息时长，找到最佳写作状态。或者，你可以重新制订每天的工作计划，让自己抽出更多时间陪伴家人。

假如你的灵感迸发，工作进展得尤为顺利，不需要中间休息，那你大可以继续，尽快完成手头的工作。

但你要记住一点，你的大脑不可能长时间专注于一

[1] 奉行原始的、纯粹的、不掺杂其他成分的，能真正体现事物本质的信仰、爱好或者生活方式的人。

件事。当你的注意力到达极限时，工作效率将直线下降。时间与工作效率的关系可用图3-1表示。

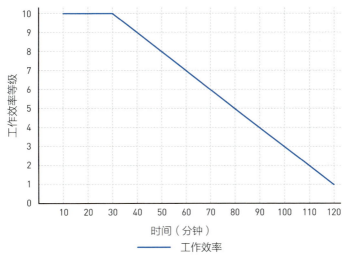

图3-1　时间与工作效率的关系

请你不要拘泥于时间分块法的条条框框。没人要求你必须严格遵守某种规则，你要做的是多多实践。你可以先将工作时长设定为25分钟，坚持一周，看看效果如何。第二周把工作时长设定为40分钟，第三周设定为60分钟……并用同样的办法确定休息时长。当我连续工作50分钟后，我需要更长的时间自我调整，5分钟真是太短了，但也许对你正合适。还是那句话，你要多多实践，才能找出最适合自己的方法。7分钟、10分钟，甚至15分钟都可以，尝试一下，看看自己在下一个时间分块中的工作效率如何。

倘若你上午精力超群，可以长时间投入工作；下午精神涣散，干什么都提不起精神，你不妨试试以下这种工作模式：

- 工作90分钟。
- 休息15分钟。
- 工作60分钟。
- 休息10分钟。
- 工作50分钟。
- 休息10分钟。
- 工作40分钟。
- 休息10分钟。
- 工作30分钟。
- 休息15分钟。
- ……

　　你只要记住一点，自己的时间自己做主。你要制订适合自己的时间管理方案，然后多次实践，看它是否与你的工作方式相契合，对工作效率有何影响。

　　那么，要想成为运用时间分块法的高手，你在进阶之路上会碰到哪些阻碍呢？请继续往下看。

步骤 1

步骤 2

步骤 3

步骤 4

如何克服落实时间分块法过程中的困难

步骤 5

步骤 6

步骤 7

步骤 8

步骤 9

步骤 10

> 在培养新习惯时，磕磕绊绊在所难免。想办法克服才是王道。

没有谁能随随便便成功。在将时间分块法融入日常工作的过程中，你将碰到各种各样的挑战。养成好习惯（戒除坏习惯）可能会困难重重，因为大脑习惯了旧模式，拒绝任何形式的改变。

在步骤4里，我们将详细讨论在贯彻时间分块法过程中可能遇到的各种挑战。你要注意一点：困难花样百出，有的不太容易察觉。如若不加以解决，它们可能会成为你提高工作效率之路上的拦路虎。

我将提出几条建议来帮你应对这些挑战。虽然大部分建议都是凭我的直觉获得的，但这倒无所谓，建议只要有用就行。关键是你要认准某种习惯，然后不断地重复、重复，直到习惯成自然。

闲话少叙，我们先来讨论一个所有人都会遇到的问题。

来自同事、朋友和家人的干扰

作为上班族，同事会是你最大的干扰源。他们会时不时地突然来到你的办公室或工位，然后半真半假地问你一句："伙计，能跟我聊两句吗？"我在公司上班时总想这样回复对方："当然，但我只给你两秒钟，请你长话短说。"但冷漠地对待同事不利于自己事业的发展，我当然不能这样说。

而对创业者或者居家办公者而言，干扰源变成了朋友和家人。他们并非故意打搅你，而是在他们看来你没有理由不能和他们聊天，反正你也没有"正经工作"。

比如我的亲身经历：

当我从公司辞职自己创业后，在家人和某些朋友的眼中，我似乎突然有了大量空闲的时间。当然，我从没和他们说过我很闲，但这些人就是鬼使神差地有了这种错觉。于是，我会经常接到朋友的"问候电话"。偶尔，还有人亲自登门，找我"聊天叙旧"。

在日常生活中，我热衷于人际交往。因为我觉得如果少了挚爱亲人，生活将多么苍白无趣。但是，如果我正在写文章或者为我运营的某个网站分析绩效指标，那么全心投入是必需的。我需要找到最佳状态，尽力避免分心分神。

使用时间分块法提高工作效率，你需要避免或者最大限度地减少在工作中分心分神。以下5条建议可供你参考：

（1）手机关机。

（2）关闭电子邮箱。

（3）拒绝与突然出现的同事闲聊。

（4）告诉你的朋友和家人你晚上才能回电话。

（5）倘若客人突然到访，不要应答。

手机关机及关闭电子邮箱很容易，而让同事、朋友和家人理解你的工作时间安排则比较困难。你要提前向他们说清你的诉求，并让对方听从你的安排。

这个办法对我很有用，相信也会对你有用。但你的说教很可能让对方不满，这点请你提前做好心理准备。

缺乏原动力，无法长时间维持工作效率

在一小时内保持高工作效率很容易，每人都能做

到，但保持一整天则比较困难，就算借助时间分块法也难免受阻。因为这不仅需要你的精神高度集中，而且需要你有极强的自律性。

如果你觉得劳累不堪、心神俱疲，干什么都行就是不想工作，那么你还能每天保持高工作效率吗？太难了。你要想长时间保持较高的工作效率，方法只有一个——培养好习惯，并天天强制贯彻，最后习惯成自然。

即便用时间分块法也难以长时间保持高工作效率，原因究竟为何？答案很简单：缺乏原动力。假如你发现自己有所松懈，无法严格贯彻时间分块法，这说明你缺乏做出改变的原动力。

你可以回忆一下自己在步骤1中列举出来的原因，弄清自己为何想提高工作效率。例如，抽出更多时间陪伴家人、增加收入或增加睡眠时间等。如果你还是缺乏贯彻时间分块法的原动力，只能说明你当初列举的原因不具说服力。

想象一下，如果你能否吃饭取决于你是否严格遵循时间分块法，那么你少完成一个时间分块，就无法吃上饭。这个原因足以激励你完成任务，因为它很有说服力。

因此，如果你无法在日常工作中坚持贯彻时间分块法，可以退到步骤1，回顾自己所列举的理由。也许，你需要做出轻微调整，让这些理由更具说服力；又或者你需要借助某样东西来随时提醒你，自己为何要努力工作。

诱惑无处不在

诱惑无处不在。社交媒体、你最钟爱的博客论坛、冰箱里的零食、电视以及电子游戏等，你随时可能弃工作于不顾，屈服于各种诱惑。更有甚者，如果你自制力不强，你很可能沉浸其中，以至于忘了时间。

例如，你告诉自己待会儿只浏览新闻网站的新闻标题，结果你花了足足20分钟的时间阅读新闻全文。又或者你说服自己，登录论坛只为看看有什么新帖子，结果你和其他论坛成员为了某个政治事件争论得面红耳赤，结束之后一看表才发现，45分钟过去了。

这些都是我的亲身经历。

分心分神最影响工作效率。这些诱惑阴险狡诈，魅惑性极强。它们可以在短时间内让你获得满足感，让你不顾一切投入其中。如果你缺乏自制力，你将在这些事情上浪费数个小时。

因此，所有聚焦于提高工作效率的专家都会建议你学习如何对抗诱惑以提高注意力。但很可惜，他们的方法都是老生常谈，并不怎么管用。并且这些专家都忽略了一点，即如何让你将这些方法落到实处。

我正在写一本如何避免分心分神的书。这是一个大工程，比写本书更耗时间。既然说到这儿了，我不妨将我常用的方法分享给大家。

- **收拾办公桌**。你可以把办公桌上和手头工作无关的东西全部收拾干净，同时扔掉再也用不着的东西。

- **手机关机**。这点我在前文提到过，现在有必要再重复一遍。你可以把手机关掉。

- **安装浏览器附件，限制访问某些网站**。这类工具有很多。如果你用的是谷歌浏览器，你可以考虑谷歌应用商店里的StayFocusd或者Strict Workflow（这是时间分块法的专享配套用品）。如果你使用的是苹果操作系统（iOS或macOS），你可以考虑WasteNoTime或者 Mindful Browsing。但严格自律、遵守规则才是最为重要的。在理想状态下，即使不用浏览器附件限制网站访问，你也应该自觉遵守时间分块计划。但此类工具可以从根本上杜绝诱惑的邪恶源头之一——互联网。

记录与手头工作无关的想法

那些与手头工作无关的想法曾是我的一大难题。

我的脑海中总会冒出很多想法，只要想法一出现，我就想动手付诸实践。例如，为客户撰写博文时，我会突然想出一个针对其他客户的多维度营销方案，比如利用博客、网页、通讯稿、报告、邮件引流等。

然后，我会马上列计划开始研究。刚研究没一会儿，我又开始琢磨另一个客户的事了。这叫加强自律、集中精神吗？当然不是，这是名副其实的走神。

这样做很难提高工作效率。

我打赌，对此你肯定深有感触。也许，你正在思考如何扩展个人业务，或者如何将手头的任务完成好。这时候，如果你放下正在进行的工作，执着于某个突然浮现于脑海的想法，或者干脆将想法付诸实践，这无疑是对时间分块法的背弃。

我有一个很简单的办法来解决这个问题，那就是把想到的先写下来，然后继续工作。

将与手头工作无关的想法写下来有助于腾空你的大脑，让你集中精神干手头的工作，不用刻意记住那些念头或想法。这也是"尽管去做"工作法的要义所在。

事实证明，这招儿的确管用。

无法预料的紧急事件

面对无法预料的紧急事件，我们确实会束手无策，唯一的办法只有积极应对。将时间分块法应用到日常工作中，你将遭遇各种挑战，唯有紧急事件是不可控的。

我之所以提到它，是因为在某些场合你别无选择，只能暂时放弃时间分块法。例如，处于青春期的儿子突然受伤，需要你送他去医院治疗；未成年的女儿独自驾车外出，结果车在高速公路上抛锚了，你不得不前去接她；丈夫或妻子急需某样东西，你不得不火速赶往商店……

上述情况防不胜防。虽然只是偶尔发生，可一旦出现，你的工作必将受到影响。

有时，你唯一能做的也只剩退而求其次了。

接下来，我们将讨论时间盒以及它与时间分块法之间的关联。虽然两者经常出现在同一语境中，但事实上，从提高工作效率的角度看，这是两种完全不同的工作方法。

准备好了吗？我们开始吧！

时间盒与时间分块法

时间盒与时间分块法有异曲同工之妙。

在时间分块法成为时间管理界的宠儿之前，时间盒风靡已久。时间盒就是指使用者在有限的时间内完成某项特定任务或项目，也就是每个时间盒结束后，使用者要对自己已完成的工作进行绩效评估，并问自己一个简单的问题："我是否满足了既定要求？"如果答案是肯定的，该任务或项目可被视作已完成。否则，使用者应根据需要继续下一个时间盒任务，而不是拖延预算的时间。

最初，时间盒主打团队服务，用作项目管理，以督促小组成员在有限时间内完成既定项目，减少不必要的拖沓。在时间盒的帮助下，个人或者团队通常可以在最后期限完成任务目标。

用时间盒工作法的一大好处是，你可以避免落入帕金森定律（Parkinson's Law）的恶性循环。该定律认为

"工作总是到时限的最后一刻才会完成"。如果时限为4小时，你完成这项工作就需要4小时；如果时限为1小时，你很可能1小时内就完成了。

有了时间盒工作法，你可以为自己的工作设定时限。虽然在有限时间完成手头的工作和在最后期限内完成既定任务没有任何不同，但一旦感受到时间上的压力，你就不得不专注于结果而忽略过程本身。更重要的是，提升工作速度可以有效规避完美主义情结。

时间盒与时间分块法的区别

时间分块法是另一种时间盒工作法。我们在本文开头部分讨论过，时间分块法鼓励你集中精神工作25分钟，然后休息5分钟。（再重复一遍，我强烈建议各位多多尝试，按照自己的工作方式和保持专注的能力安排工作时长，切勿被规则束缚住手脚。）

严格说来，时间盒长短不一，从几分钟到几个月都有，根据你需要完成的工作或项目来确定。一个项目可能包括成百上千个小任务。

时间分块法则是让你保持良好的工作状态。正如步骤2所述，人的大脑无法让人长时间专注于一件事。工作一段时间后，我们需要短暂的休息。

时间盒专注于项目管理，强调按时完成任务，能帮助你避免浪费时间。再重复一遍，提升速度还能有效规避完美主义情结。

利用时间分块法，你能灵活安排工作日程，时间分块的数量完全由自己决定，能随时随地满足你的完美主义情结。任务完成后你也不用做效益评估，看看自己是否达到了既定要求。

这是两者之间最大的不同点。时间盒督促你为每项工作限定时长——例如，2小时内完成该项工作。限定的时长可以自由改变。如果时间到了你仍未完成工作，你可以预估一下自己还需多长时间才能做完，然后设定下一个时间盒。虽然时间盒的时长灵活多变，但你仍需把重点放在完成工作上。追求速度，注重产出，这样你的完美主义情结只好暂时搁置。

既然时间盒是提高工作效率的又一利器，那我们何不选择这种方法呢？

如何选择时间盒与时间分块法

一句话，两种方法都选。

影响工作效率的因素有两个：专注度和产出速度。

时间分块法强调专注度，而非产出速度（至少不直接强调速度）。而时间盒强调产出速度，而非专注度（至少没直接强调专注度）。

既然如此，那为何不两者都选呢？这样岂不是既能保证专注度，又能保证产出速度吗？请看下面这个例子。

假设你要写篇较长的博文。按照以往的经验，你可以在2小时内完成初稿。你可以先用时间盒方法，将完成初稿的时限设定为2小时（不包括休息时间）；然后，你再利用时间分块法，将这2小时分为若干切块。如果你能完全遵照时间分块法的初始设定，你的工作日程会是这样的：

- 工作25分钟。
- 休息5分钟。
- 工作25分钟。

- 休息5分钟。
- 工作25分钟。
- 休息5分钟。
- 工作25分钟。
- 休息15分钟。
- 工作20分钟，完成。

一共工作2小时。

如果换作我的修订版，日程则安排如下：

- 工作50分钟。
- 休息10分钟。
- 工作50分钟。
- 休息10分钟。
- 工作20分钟。
- 休息20分钟，完成。

　　看到了吧，时间分块法与时间盒堪称完美搭配。同时使用这两种时间管理方法，既可提升你的专注力，又能增加你的产出速度。两者均可灵活调整，以便相互配合。

有些人是时间盒的忠实拥趸，宣称除了时间盒，其余的时间管理方法概不奏效。同样，时间分块法的拥趸们也只承认自己的方法有效。其实，我们真的没必要非在两者中选择一种。

两者都用就对了。

本书是时间分块法的应用指南。因此，我不该花过多笔墨介绍时间管理的其他方法。但时间盒真心值得你一试，配合时间分块法使用，效果更佳。

我鼓励你们尝试一下。你可以先用时间盒设定时限，再用时间分块法做好进一步规划。你会发现你的完美主义情结竟不治而愈。光凭这点，你的工作效率已经被大大提高了。

后文预告

在本书的后半部分，我们要重点讨论如何在日常工作中充分利用时间分块法。步骤6将告诉你如何做才能将工作效率提升至最高。

步骤7将阐述一个尤为普遍的问题：倦怠期。几乎每个致力于提高工作效率的人都会遭受倦怠期的折磨，而我的建议可以让你少走弯路。

时间分块法的众多使用者都对如何度过休息时间感到迷茫。步骤8则会为你提供众多实用的参考意见，这部分内容相当有趣。

想让时间分块法更好地发挥作用，辅助利器必不可少。步骤9将为你揭晓时间分块法的基础工具箱。除此之外，许多手机应用也能助你一臂之力。听听我的观点，也许会让你眼前一亮。

最后，你将在步骤10中了解到如何将时间分块法的价值最大化。

还有很多要学习的东西。我们立刻开始吧！

提升工作效率必须提前知道的事

> 将时间分块法落到实处，做什么决定尤为关键。

也许你的理由足够充分，也足够有说服力，但想将时间分块法落到实处，仅凭决心是远远不够的。培养某种习惯需要毅力，需要持续地付出。因为总有一天，你会感觉疲倦，会动力不足，会懒散到想放弃，更会因为受到自己和他人的影响而充满挫败感。

疲惫、动力不足、挫败感……你只要深陷这些消极情绪之中，落实时间分块法的大业必将半途而废。那么你想要再养成并维持某种习惯会变得难上加难。即使最后期限转瞬即到，你也提不起兴趣完成工作。

怎样才能让这些消极情绪分分钟远离你呢？方法很简单：大脑和身体需要什么，你就给它们什么。这个问题我们会重点讨论。

下面这些对你而言都是老生常谈：你要保证充足的睡眠，定期锻炼身体，健康饮食，才能维持良好的状态，然而你对这些可能并不在意。旧石器时代的人们在外出觅食之前也在做同样的事情，当时可没有互联网，但他们照样知道怎么"养生"。

我只想告诉你我是怎么做的。睡多久、怎么练、如何吃，你应该遵医嘱，切忌人云亦云。患有糖尿病且对好多食物过敏的70岁老人，与25岁的运动员，两个人的生活方式必定截然不同。

除此之外，步骤6还将涉及制定目标以及记录工作进度的相关内容。验证时间分块法是否提高了你的工作效率，手段只有一个——检验输出成果。我将在步骤6的后半部分告诉你我是怎么做的。

首先，我们来谈谈睡眠问题。

睡眠的重要性

众所周知，睡眠对我们十分重要。如果你一夜无眠，你会感觉身体好像被掏空一般，提不起精神；相反，如果你能8小时一觉睡到天亮，你会感到神清气爽。大量研究都证明了，每晚睡眠充足的人工作效率更高，犯错的概率更小，不易引发安全事故。

但问题是，许多人为了娱乐或者不降低工作效率而牺牲自己的睡眠时间。例如，你可能熬夜到很晚，只为看一档电视节目，即便你清楚地知道睡眠时间一旦失去就再也追不回来了。

大部分人都有类似经历，有的人甚至经常如此。

很多人放弃睡眠，因为他们觉得少睡觉可以提高工作效率。毕竟，他们把用在睡觉上的时间拿来工作了，工作效率怎么可能不提高？

实话实说，这是一种谬论。工作效率和时长并不成正比。从某种程度上看，熬夜只会让你的工作效率下降。睡眠不足的人犯错的概率更大，工作质量得不到保证。错误需要修改，甚至工作都需要重做，这些都需要时间，工作效率怎么可能得到提升？

我们到底需要多长时间的睡眠？答案因人而异。对我而言，每天晚上睡够6个小时，下午小睡20分钟就可以。有的人需要维持每天8小时的睡眠，否则无法集中精神。我还见过有些人，他们说自己每天只需睡4个小时，下午也不用打盹。但我对这种说法持怀疑态度。

我的一位朋友采取多阶段睡眠的方式来提升自己的工作效率，具体安排如下：

- 上午10:30开始小睡20分钟。
- 晚上睡3个小时。
- 夜里2:30开始小睡20分钟。
- 早晨6:30再小睡20分钟。

他说此方法对他很管用。但我从未尝试过，也不敢妄加评论。但我准备写一本睡眠如何影响工作效率的书，所以打算亲自尝试一下。

通常情况下，我们每晚的睡眠时间不应少于7个小时。如果你试着抽出时间，每天午后小睡20分钟，你会惊讶地发现，短短20分钟竟能让自己整个下午都神清气爽。

对上班族而言，午休的确有些困难。没有老板愿意看到自己的员工趴在桌子上打瞌睡。在公司上班时，我都是利用午餐时间找个人少的停车场，把车停在树荫下，然后在车上小睡片刻。

午后小睡20分钟，把这安排到日程中并不困难。你只需找个小小的私密空间就可以了。

体育锻炼的重要性

体育锻炼有益身体健康，这点自不必说。定期锻炼不仅可以帮助我们控制体重，而且能预防心脏病和中风，甚至是糖尿病。不仅如此，体育锻炼还能改善我们的睡眠，提高我们的心肺功能。

定期锻炼同样有助于我们增强认知功能，改善情绪，缓解压力，提高记忆力，减缓认知衰退。

这么看来，体育锻炼可以提高工作效率并不是什么难事。研究表明，体育锻炼能使人振奋，更有精气神，是久坐族的福音。在电脑前坐上一天是否令你疲惫不堪？专家指出在久坐后活动15分钟，哪怕只是散步，也会让你感觉神清气爽。

精神好了，工作也能更专注，不容易分心分神并影响工作效率。结果呢？当然是效率更高，产出更多。

一提到锻炼身体，人们就拿没时间当借口。通常情况下，这都是个不怎么高明的谎言。是否锻炼身体和有无时间没关系，而是你对其重视度的问题。

拿我自己举例。

离开公司自己创业后，我浪费了不少时间。当时我把时间全都花在了打游戏、泡咖啡厅，以及与居家待业、正在放假或者已经退休的朋友隔三岔五来场聚会上。这些活动都需要"耗费"时间，所以我只能说服自己，无法锻炼是因为抽不出时间。

但那明显只是借口而已。

虽然我可以辩解说以上活动非常重要，有助于我纾解压力，但这样做显然是自我欺骗。真相是我浪费了大量可用于锻炼的时间，牺牲了改善健康的机会。

如果你无法按时锻炼身体，不妨问自己这个问题：你是真的没时间，还是对自己的健康不够重视？倘若你每周都有时间看电视、和朋友外出或者"专注于"社交媒体，答案很可能是后者。

这也没关系，诚实地面对自己最重要。如果你真心实意地想提高工作效率，那你必须下定决心，从坚持锻炼身体开始做起。

想养成定期锻炼的好习惯吗？你可以试试以下5条建议：

• **征求医生的意见**。医生会评估你的健康状况以及你能承受的运动强度。对年纪大的人而言，这点尤为重要。如果你患有关节炎、骨质疏松症或者其他疾病，制订锻炼计划前也请你先和医生聊聊。

• **按部就班**。你一旦决定锻炼身体，就要立马行动起来，许多人都这么做。但你要先沉住气，从简单的开始，比如轻快地散步15分钟等。等到你的耐力和心肺功能有所提高，再增加锻炼时长。

• **多管齐下**。你不要只锻炼心肺功能，还应兼顾力量和灵活度。

• **别指望健身房**。等你有空再去健身房锻炼，许多时间都白白浪费了。你要避免不必要的拖延。无论居家还是去附近的公园，你有无数种方式锻炼身体，没有跑步机照样能跑步。

• **自行购置健身器材**。我对健身房不依赖。首先，健身房的费用较为昂贵。其次，每次往返健身房会浪费时间，有时犯懒会不想出门。最后，健身房也是一个社交场所，你很可能把用来健身的时间耗费在搭讪上。因此，如果有条件的话，你可以自行购置健身器材，在家进行锻炼。

在不久的将来，我打算写本行动指南，深入探讨如何通过控制饮食和体育锻炼来提高我们的工作效率。这个话题值得重点讨论，也应该引起时间管理研究者和学习者的重视。目前，我希望你多多保重身体，唯有如此，你才能利用时间分块法提高工作效率。

下面，让我们来看一下健康饮食。

健康饮食的重要性

你每天的饮食也会对工作效率产生深刻影响。健康饮食可以提高你的专注力，让你能集中精神完成工作，那么贯彻时间分块法不再是难事。相反，常吃垃圾食品（或者不按时吃饭）会让你的专注力下降。（再次重申，这都是经验之谈。本人相当喜爱垃圾食品。）这样即便你坚持了时间分块法，工作效率和质量也会大打折扣。

在你去厨房或者食品储藏室拿饼干、薯条和糖果充饥之前，让我们先了解一下食物是如何影响你的思维活动和身体的。

首先从我们的思维活动说起。

当我们吃东西时，血液里的葡萄糖含量会升高。细胞吸收葡萄糖后，会将其储存起来备用。相当一部分的葡萄糖被输送至大脑，用以辅助大脑的各项机能，包括我们的记忆力、思考能力、学习能力和专注力。

这下你明白食物如何对工作效率产生影响了吧？葡萄糖是提高工作效率的物质基础。

健康食品和垃圾食品都含有葡萄糖。无论是甜甜圈、比萨，还是烤牛肉三明治，其中所含的葡萄糖都会被输送至血液，但方式有所不同。

当你吃垃圾食品时，葡萄糖释放得快，分解得也快。你肯定见过小孩兴奋过度的样子，他们会到处疯跑，一刻也不停下来。这就是葡萄糖"惹的祸"。然而，短暂的兴奋期过去后，他们就会萎靡不振，有时甚至会直接睡着。这都是垃圾食品的功效。作为成年人，你自然不会到处疯跑（但愿如此），但兴奋期一过，再集中精神就困难了。

而当你吃健康食品时，葡萄糖释放得较慢，分解得也比较慢，你的大脑可以在更长时间内得到能量供给。这样你自然更容易保持专注，能更快地完成工作。

把控饮食的好处：能让你的大脑足够灵活，注意力足够集中，工作效率不受影响。

讲述了饮食如何影响我们的思维活动后，我们再来看看饮食如何影响身体。

经常吃垃圾食品会增加我们的体脂。记住，增加体脂不等同于增加体重。有些人主要靠垃圾食品充饥，他们之所以保持体重不变是因为他们很少吃真正意义上的食物。这些人不碰牛肉、鸡蛋和优质蔬菜，只吃高油、高热量的食物。

你可能听说过所谓的"泡芙人"。他们虽然看起来很瘦，但体脂含量惊人。体重轻并不意味着你能对肥胖病免疫。尤其对女性而言，体脂含量过高会严重扰乱内分泌。体内脂肪过多还会损害肝脏功能，使你的肝脏内积累大量毒素。

健康出了问题，工作效率自然得不到保障。

对大多数人来说，不注重健康饮食会使身体超重，甚至导致病态肥胖。和较为健康的同龄人相比，肥胖人群的身体情况更令人担忧。

例如，肥胖人群更易罹患冠状动脉疾病。研究表明，肥胖会导致人的记忆力衰退、认知系统障碍和呼吸系统疾病等。

以上就是不遵循健康饮食习惯所引发的可怕后果。不论患上哪种疾病，你的工作效率都会大打折扣。即便时间分块持续的时间很短，你也会痛苦难忍，浑身不舒服，无法集中注意力。

合理调配饮食的最低标准：能保证你的身体健康。你只有感觉好了，能量充沛了，才能更专注地投入工作。

健康的饮食习惯会让你走得更远，生活更平顺。另一个影响工作效率的关键因素是内心的压力。

压力：工作效率的死对头

压力是不可避免的。当你面对某个可以被感知到的威胁时，压力会不请自来。这是大脑的正常反应。时间越紧，你越需要集中注意力，内心的压力也就越大。但你记住一点——至少就提高工作效率而言——一定要将压力保持在可控范围内，唯有如此，才有提高工作效率的可能。

大多数人都能自如面对相当程度的压力。即便和配偶吵架，孩子惹你生气，抑或面对一个令人讨厌的老板，你也能按时完成手头的工作。但问题是，许多人缺乏掌控事态的能力，这就导致所有不愉快的事情会同时爆发。

结果呢？自然是压力值上升，工作效率下降。如果你长时间压力过大，甚至会引发严重的健康问题，那可真是雪上加霜了。

既然压力不可避免，那么我们怎样做才能不被压力击垮呢？答案是主动掌控形势，尽量不让他人接近并影响到你。

说起来容易，做起来难。毕竟，你无法阻止别人占用你的时间，不是吗？

然而，其实你当然可以。

在日常生活中，工作到一半被人打断最容易让你产生压力。每次分心分神，你都需要15～20分钟找回状态。在这种情况下，你不仅无法贯彻时间分块法，也许你还会默默责备自己，为何自己允许这种事发生。倘若最后期限近在眼前，你可能还会对那些打扰你工作的人心怀敌意。

工作状态下被人打扰会令你压力倍增。更糟糕的是，这一切的发生只能用"润物细无声"来形容。可能你还没察觉到，但压力已经在不知不觉中占领了心灵的高地。

在步骤4中，我们已经讨论过如何避免，甚至杜绝分心分神，这里就不重复了。你只需记住一句话，杜绝分心分神，别让自己过度紧张。

想想还有什么事可能让你压力巨大。例如下面这些情况：

- 老板要求你赶工完成某项任务。
- 因为你忘给汽车加油，配偶生你的气了。
- 儿子因为和同学打架被迫停课回家反省。
- 无法定期给父母打电话，内心充满愧疚感。

你可以主动出击，减少以上事件对你造成的压力。由此，保证你的工作效率不受影响。

假设老板让你赶工完成某项任务。你要直接告诉他，你手头还有其他工作要做，也许他听完后会主动延长你的交工期限。因此老板也许不知道你还有其他工作需要完成。

很多时候员工不愿意承认自己能力不足，害怕让老板失望，从而影响到自己的事业发展。但赶工必将让你压力倍增。长此以往，你的工作效率也会受到波及，这自然会耽误你大展宏图。

你可以和他人及时沟通，相互交流，让小问题消失于无形。例如，你可以和配偶好好谈谈，以平息他的怒火；也可以坐下来和儿子好好解释，为什么打架不能解决问题，让他明白付诸暴力不可取，防止类似情况再次发生；你还可以提前做好规划，例如每周日上午10点打电话问候父母，以减轻内心的愧疚感。

但是如果遇到重大意外呢？比如下面4种情况：

- 治病花钱过多，导致家庭财政入不敷出。
- 你的车送店维修时发现需要安装新的变速器。
- 你最喜欢的宠物狗由于健康问题突然去世。
- 遭遇入室抢劫。

以上事件无疑会让你压力爆棚，难以集中精力完成工作。

如果遇到类似情况，我建议你分步骤行动，将压力保持在可控范围内。否则，你会提不起精神，暴躁易怒，失去创造力，甚至患上抑郁症。当生活遭遇急转弯时，你可以试试下面几条建议，让你的大脑处于可控状态。

- 写压力日记。你可以记录一下当时内心的感受以及在什么情况下你会产生这种感受。
- 多抽些时间做自己喜欢的事。例如，你可以阅读、做园艺、和配偶去外面吃大餐，或者和孩子玩桌游等。
- 散步。当你压力爆棚时，散步疗法堪称减压神器。
- 跟配偶聊聊。和别人分享心事时，那些在你看来危机四伏的情况可能会变得没那么严重了。

记住，压力过大会严重影响你的工作效率。倘若你感到压力爆棚，请分步骤行动，将你的压力保持在可控范围内。

　　然后，我们讨论应该如何设定目标。如果目标不够清晰，你就很难知道自己的工作方向是否正确。或者说，如果你连目标都没选准，那你的工作还有做的必要吗？

设定每天、每周和每月的目标

　　人们总把设定目标这件事想得过于简单。人们往往随意而行，不假思索，从不考虑自己应当设定什么目标，或者如何正确设定目标。然后，周而复始，月复一月，一些人开始迷茫，为何所有目标都无法达成。

　　通常情况下，你未能达成目标，问题多出在你的目标设定上，和你本人没什么关系。目标定位错误，自然缺少为之奋斗的动力。

　　例如，许多人想要瘦身。这个目标就不怎么恰当，因为太过笼统了，实践者无法记录自己所取得的成绩 [严格说来，体重减少0.5磅（1磅≈0.45千克）也算瘦身]。除此之外，我们也不知道这些实践者想要瘦身的原因，他们给出的理由是否有说服力，是否能成为鞭策他们前进的动力。(我们在步骤1中讨论过一个有说服力的理由是多么重要。)

因此在设定目标前,你需要了解何为恰当的目标。通常说,每个目标应符合以下4个特征:

(1)足够具体。

(2)方便后续追踪。

(3)与你追求的生活不相悖。

(4)与实际情况相符。

假设你是一位小说家,你的收入取决于你作品的数量,想要提高收入必须做到多产。所以,你的目标应该是史蒂芬·金(Stephen King)[1],而非杰罗姆·大卫·塞林格(Jerome David Salinger)[2]。

足够具体意味着你的目标必须足够精确。例如,你计划4月结束前,自己的小说要写够60000字。

方便后续追踪的意思是,你必须随时把控自己的进

---

[1] 出身于贫困家庭,毕业后工资菲薄而走上写作之路。他是一位多产且屡获奖项的美国畅销书作家,其作品销量超过3.5亿册。——译者注

[2] 出身于美国犹太富商家庭,严肃文学作家。1951年其《麦田的守望者》获得成功,是美国20世纪经典文学作品。此后,塞林格变得孤僻,很少公开出版自己的作品,后期创作的作品也越来越趋向东方哲学和禅宗,基本不是畅销书。——译者注

度。例如，4月共30天，为完成既定目标，你每天至少要写2000字。

与你追求的生活不相悖意味着实现该目标后，梦想会离你更近。例如，你有一份全职工作，但你的梦想是靠写作为生。那么"4月结束前小说写完60000字"的目标就与你的生活相辅相成。

与实际情况相符意味着你的目标是可以达到的。假设你有一份全职工作，平时要照顾生病的父母，周末还要去食物银行[1]做义工，在这种情况下，你每天写2000字可能不太现实。对你而言，这个目标不符合实际，或者至少过于乐观了。

如何针对时间分块设立目标

明白了何为恰当的目标后，现在我们谈谈如何针对时间分块设定目标。

---

[1] 食物银行："食物银行"计划的主要目的是希望借由慈善团体来号召热心的厂商们，为未能解决"三餐"基本需要的人士及家庭，提供紧急及短暂的膳食援助。——译者注

　　沿用之前的例子。假设你是位小说家，你计划在4月结束前写完60000字，并且你正在使用默认的25/5时间分块（工作25分钟，休息5分钟）。如果你单纯拘泥于条条框框，那么你无法得知自己进展如何，也无法对工作进度做出精细评估。也许一天结束后，你发现自己虽然严格遵守了时间分块法，但只写了1500字。

　　那么，请你看看我是怎么解决这个问题的。

　　我们可以以每月目标为基准，以此类推，设定每周的目标和每天的目标。套用之前的例子，我们已经设定了每月目标：4月结束前写完60000字。换算成每周是15000字，每天则要写2143字。由于4月共30天，我们将每天的字数约算作2000字，这样比较简单。

　　假设单个时间分块内你可以写400字，那意味着你每天需要5个时间分块才能达成既定目标。再比如你每周工作6天，周日休息。6天完成15000字，那每天需要完成2500字。如果你单个时间分块写400字，那你每天需要7个时间分块才能完成。

　　设定目标对充分利用时间分块法有着非常重要的意义。无论你是明天交工，下个月交工，甚至明年交工，只要你设定了目标，你就能实时追踪工作进展情况，这对提高工作效率十分必要。

开始下个步骤前，我们先简要谈谈工作进展情况的追踪机制。

如何实时追踪工作进度

用什么方法追踪工作进度取决于你做何种工作。如果你是小说家，那就数数你每天、每周和每月写了多少字。如果你是大学生，那就弄清自己在学习上花费了多长时间。如果你是家庭主妇/主夫，那要看看你在单位分块内完成了多少项任务或工作。

追踪工作进度的目的是给你机会对自己的表现做出评价。在此过程中，你也许会发现自己的不足之处。

我最钟爱的追踪工具是Google Sheets，这是一款能将信息存储到云端的免费软件。无论我是在家用电脑，在咖啡馆用谷歌平板，抑或在朋友家用他的Mac（Macintosh，苹果电脑，简称Mac），我都能登录我的Google Sheets账号并对其中的内容进行实时更新。

你可能觉得我把表格内容设计得太简单了。写作是我最主要的工作之一，因此我要追踪每天完成的字数，所以将表格的具体内容设计为如下内容：

- 日期。
- 星期。
- 每天完成的字数（在表格底端列出字数总计）。
- 单位分块内完成的平均字数（这有点难，因为我经常调整单位分块的时长）。
- 每天完成了几个时间分块。

这5个指标已经透露了足够多的信息。我不仅能实时追踪工作进展，还能及时发现哪些地方需要改进。

例如，我不喜欢周日过于忙碌。因此，在每周日我只完成2个或3个较短的时间分块就收工了。一般来说，25分钟内我通常可以写350～400字。但数月前，我发现由于周日过得太懒散，我的工作进度落后了一大截。在周日每个时间分块内，我都写了不到250个字。

实时追踪工作进度，能让我及时发现问题。知道进度落后了，我自然要加快速度。

因此，实时追踪工作进度非常必要。

步骤6涉及诸多内容，需要逐一列举，详加讨论。总结而言，我们的睡眠时长、体育锻炼、日常饮食和压力值都会影响我们的工作效率。依照个人情况对这些内容进行调整，我们的工作效率才能大幅提升。因此我们要设定目标、实时追踪工作进度，保证自己朝着正确的方向迈进。

在步骤7中，我们将讨论一个经常被忽略，但对提高工作效率至关重要的问题：如何规避倦怠感。

只有按照既定步骤，朝着清晰的目标持续迈进，你才能稳稳向前，不被倦怠感裹挟。

曾几何时，所有人都认为倦怠感是压力的产物。专家们相信，当压力逐渐增大到某个临界值时，人们就会对工作丧失兴趣。

如今，研究表明引发倦怠感的原因有很多，压力仅是其中之一。

就工作而言，回报率不足、无法掌控形势及任务单调都能引发人们的倦怠感。就家庭生活而言，睡眠不足、饮食习惯不佳、家庭关系不和谐也是引发人们倦怠感的重要原因。

具备某种性格特征的人更易产生倦怠感。例如，A型人格习惯于在精神和肉体上进行"自我折磨"。他们总处于"前进"状态，把自己搞得疲惫不堪。同样的，无论做什么，完美主义者都要花费大量的时间，以求把事情做到极致。并且长期的悲观情绪也会引发人们的倦怠感。

倦怠感如何影响工作效率

一旦被倦怠感裹挟，无论你贯彻时间分块法的态度有多坚决，工作效率都很难提升。你会丧失活力、无精打采；你的免疫力会下降，更易患上疾病；你也不想与朋友和家人接触，一个人闷久了，你会更加悲观，甚至罹患抑郁症。

即便坚持工作25分钟（或者其他设定时长），你也无法集中注意力。做完一项工作需要耗费比平时更多的时间。假设正常情况下，你完成一篇博文需要花费4个时间分块，而被倦怠感裹挟后，你可能要花费同样时长设定的5个或6个时间分块。

最糟糕的是，倦怠感无法自行消除，除非你自己行动起来做点什么，否则你将永远深陷这种泥潭，无法提高工作效率。稍后，我将提出几条建议供各位参考，希望能帮助大家摆脱倦怠感。首先，我们先来谈谈压力和倦怠感的区别。

认清压力与倦怠感的区别

大部分倦怠感都是由压力引起的，这曾是心理学家的共识。直到今天，许多人依然相信两者有着密不可分的关系，甚至还有些人坚信压力与倦怠感是同一种东西：倦怠感是压力的极端形式。

此类谬误只是在混淆视听。如果你无法认清倦怠感产生的根本原因，便会做出错误判断，导致问题无法顺利解决。

因此，我们必须认真研究，认清压力与倦怠感的区别。

倘若你的压力巨大，紧迫感便会如影随形。例如，你可能担心自己无法赶在最后期限前交工，于是每天都过得如同阴云密布。但是如果你被倦怠感裹挟，你不仅不会有紧迫感，还会疲惫不堪，什么都不想干，最后期限之类的根本影响不到你。

倘若你的压力巨大，你会焦虑、紧张，你总想做点事情，即便你也不确定应该做什么。而如果被倦怠感裹挟，你会丧失活力，做任何事都提不起劲。

压力是人在面对刺激时产生的心理反应，但压力过大多会导致各类病症,例如,消化不良和皮肤病等,心脏病也是其常见病症之一。

倦怠感大多体现在你的情绪上。你会动力不足,无法享受工作的乐趣;并且你会悲观厌世,总也高兴不起来。在这种情况下,于你而言工作就是受罪。时时冒出的不满足感和挫败感会令你痛苦万分。

因此倦怠感是你在贯彻时间分块法时需要重点解决的问题。接下来,我会教你如何规避倦怠感,全身心投入到工作中。

养成健康的生活习惯

我们在步骤6中讨论了睡眠、体育锻炼和饮食习惯的问题,以及在使用时间分块法的过程中它们会对你产生何种影响。同理,谈到抑制倦怠感,这些同样能发挥重要的作用。

只有每晚睡足觉,你才能精力充沛地迎接新一天的挑战。

定期锻炼身体,可以将你的压力保持在可控范围内

（当然还可以保持健康）。

多吃富含营养的食物，能保证你的精力充沛，这样才能使你长期保持专注，不会让你感到精神疲劳。同时，健康饮食还能帮助你有效抑制胃酸、胃胀、便秘和腹部不适。在美国，这些都是常见病，大多数人天天受此困扰。

和睡眠质量高、精力充沛、肠道健康的人相比，饱受肠道疾病折磨的人整天疲惫不堪、萎靡不振，也更易产生倦怠感。

限定工作时长

在前文中，我们提到过A型人格的人更易产生倦怠感，因为他们永远都在"前进中"。这种类型的人宁愿放弃休息时间，也要抓紧一切机会拼命工作，因为他们不能停下，总得干点什么才行。

这很容易理解。状态好的时候，我们总想把工作一口气干完。我们拒绝在这种时候停下来，因为好的状态实在得来不易。这个陷阱相当有诱惑力，但长此以往，你的工作效率必将受到影响。

为什么会这么说呢？因为人们的专注力和体力都有所谓的临界值，而A型人格的人却视其为无物。你一旦越过临界值，倦怠感便会不请自来。

因此，首先你要做好每天的规划，杜绝类似情况再发生；其次，你要坚决执行规划，该停止时就停止，即便你正处于巅峰状态；最后，你要严格自律，保证工作时长不会占据自己的休息时间。

有时，你发现自己必须加班加点才能赶在最后期限前交工。那只能说明你没提前做好规划，不是浪费了本应该用来工作的时间，就是低估了做该工作需要的时间成本。

无论如何，你必须查清问题产生的原因，然后对症下药，分步骤制订计划，杜绝类似情况再次发生。

充分休息

当你运用时间分块法时，每工作25分钟就休息5分钟（时间分块法的拥趸们多采用默认模式）。你可能会认为休息时间貌似太短了，什么都做不了。事实上，这5分钟能做的事有很多。在步骤8中，我会提供一份清单，告诉你休息时间适合做什么。

现在，我们先来谈谈何为充分休息。

大家可能还记得在前文中我根据个人需要制订的做出过调整的那份每天工作计划（我曾在步骤3里分享过）。我这里再列出一次，免得大家再翻书。

- 工作50分钟。
- 休息10分钟。
- 工作50分钟。
- 休息10分钟。
- 工作50分钟。
- 休息40分钟。
- 工作50分钟。
- 休息10分钟。
- 工作50分钟。
- 休息20分钟。
- 工作50分钟。
- 收工！

虽然10分钟的休息时间也很短,但在我连续工作50分钟后,稍加放松还是挺令人愉快的,但我不认为这是"充分休息"。当然,短短10分钟也起不到抑制倦怠感的作用。

重点是在我完成第3个工作时间分块后的40分钟休息时间,这才是"充分休息"。在这段时间,我通常会吃个饭,睡一觉,或者去外面散散步,有时还会跑到星巴克买杯冰美式咖啡。

充分休息可以让我们的大脑放松,从而起到抑制倦怠感的作用。毕竟大脑也需要点喘息时间。

你学到了吗?你不要整天泡在工作里,中间只留出5~10分钟的休息时间。你不仅要努力工作,也要让大脑好好歇歇,充充电。

别忘了给自己放个假

提到假期,你的脑海中可能立刻浮现出以下场景:蔚蓝的天空,辽阔的大海,干净的沙滩,绝佳休闲之地——最好是加勒比海沿岸——服务生为你送去美味的饮品，里面插着精美的小伞作为点缀。但梦想很丰满，现实却很骨感。"去加勒比海度假2周，我既没钱，也没时间啊！"

于是，度假的念头只好作罢。

但是给自己放个假并不意味着你非要抽出2周时间尽情玩耍，也不用非得买机票、订酒店，动辄花费上千美元。你完全可以腾出一天时间陪伴家人；或者找一间新奇有趣的旅馆住一晚，第二天和伴侣共享早餐；等等。

当然，如果你有钱又有空闲时间，可以去加勒比海度假，那就去好了！

其实，防止产生倦怠感和你去哪里度假没有必然联系。休个短假，放松一两天足以帮你提高工作效率，改善心理状态。

从实际出发

顾名思义，你想达成的愿望才叫目标。但目标是把双刃剑。往好处说，目标是奋斗的方向。你只有先弄清自己要什么，才能有针对性地制订计划，然后一步一步去完成。无论在事业上、金钱上或是家庭上，预先设定目标都可以帮助你规划未来。

然而，与此同时，目标设置不当却是弊大于利。这不仅会摧毁你的自信，还会让你的奋斗成果付之东流。因此，从实际出发尤为关键。你要确保你设定的目标对你的工作和未来生活有所增益，而且它们必须是可实现的。

例如，假设你想成为专职小说家，你计划一年内完成并发表6部长篇小说。如果你有全职工作，并且要养育许多孩子，这个目标就不够脚踏实地（虽然并非不可实现）。在完成这个目标的过程中，你很可能会遭遇倦怠感。

你要确保自己在某个时间范围内能够达成所设立的目标。这样你才能不偏离航线，避免因目标不切实际而产生挫败感，或者产生过大的压力。

在某些场合下远离智能电子产品

平板电脑、智能手机、Kindle（电子阅读器），甚至笨重的台式机……智能电子产品让你的生活变得更加美好。你可以用它们完成调查研究，帮客户解决项目中的难题；你也可以用它随时联系朋友、家人以及你认识的其他人，包括打电话、发信息、发电子邮件等；你还可以手捧Kindle或iPad（苹果平板电脑）窝在沙发里读小说，消磨时光，惬意非常。

现在，电子产品已经成为我们日常生活中不可或缺的一部分。少了电子产品，我们的生活简直无法继续。想远离它们，唯一的办法是远离当代生活。这听上去简直糟糕透了。

话虽如此，在某些场合下远离智能电子产品对我们来说还是非常必要的。你可以尝试一下，将手机关机，暂时停止使用笔记本电脑和iPad，过过没有电子产品的生活。

为什么要这么做呢？因为你很可能沉迷于其中无法自拔，进而对你的工作效率产生影响。更糟糕的是，这种影响是潜移默化的，无法预先判断你到底会在什么候中招。

研究表明，长时间沉迷电子产品会给人们造成如下不良反应：

- 压力增大。

- 一心二用，降低工作效率。

- 睡眠不足。

- 更易罹患抑郁症。

- 网瘾。

- 人际交往能力丧失。

你要帮自己一把，暂时远离电子产品。用不着对自己太狠，你要注重循序渐进。你可以先坚持半天，甚至几个小时，然后过渡到周末。

对那些社交软件达人，有电话就接，或者动不动就查看电子邮箱的人来说，刚开始尝试时可能会感到些许恐惧。然而，一旦习惯成自然，他们会发现远离电子产品绝对会带来连连惊喜。

这样做不仅能提高你的工作效率，还能让你在每个时间分块都能专注地完成既定任务。

抽时间陪伴家人和朋友

与家人和朋友共度时光可以帮助你疗愈心灵，也能帮你减压、提升自我形象、增强自我认同。当你的生活遭遇急转弯时，能拉你一把，陪你共渡难关的更可能是你的朋友和家人；当你深陷倦怠感的泥潭，对什么都缺乏兴趣时，他们也可以帮你振奋起来。

然而，请你思考一下：你已经多久没抽出时间陪伴家人和朋友了？倘若像我一样，你就不会遭遇此类问题。有时，你和朋友或家人见面是为了做完更多工作；有时，你辛苦工作一天后，你会约他们出来权当散心。人际交往是对精神和身体的双重消耗。因此很多时候，你宁愿在视频网站看电视剧也不想和挚爱的亲朋好友多聊两句。

但没过多久，你会后悔不迭。无论电视剧《行尸走肉》的内容多么精彩，也比不上和亲朋好友共同度过的美好时光。

倘若你有机会和朋友出去玩，那就抓紧时间行动起来。这样既能巩固你们之间的关系，又能给大脑充电，何乐而不为？

充分放松更有助于你提高工作效率。

让工作变得丰富多彩

枯燥的工作是最艰难的,也是干起来最没效率的。

越来越多的研究表明,被无聊感折磨的员工无法专注于工作,他们也更容易犯错,工作效率和质量也会急剧下降,由此导致他们的兴趣丧失、情绪低落,甚至罹患早期抑郁症。

当你的精神状态欠佳时,时间分块法自然得不到有效贯彻,这点不言自明。如果你对工作兴趣缺失,变得情绪低落、心情抑郁,即使时间分块法也拯救不了你的工作效率。

那么你应该如何消除无聊感呢?答案是让工作变得丰富多彩。

让我们依旧回到小说家的例子。你整天专注于创作长篇小说肯定相当无聊。那么为何不将它暂时搁置,先写写你一直打算动笔的短篇小说呢?或者你用几个时间分块完善一下你的作家平台,写篇博客、更新社交媒体账户或者收发电子邮件，等等。

让工作内容变得多样化，换换思路，让你的大脑放松一下。久而久之，你的专注力和工作效率都会有所提高。

学会说"不"

这是我养成的最好的习惯之一。对那些请求占用你的时间，让你分心分神的人说"不"尤其重要，原因有两个。（我打赌，你肯定深有感触。）

首先，说"不"可以为我赢得更多时间。拒绝对方不合理的要求，能把时间省下来用在我认为更重要的事情上。例如，我可以完成更多工作，和亲朋好友外出约会，或者读本好书等。

其次，拒绝帮忙可以锻炼对方的能力。我要让他们知道我并非"慈善家"，自力更生才是正道。久而久之，他们找我帮忙的次数会越来越少。

从表面上看，这似乎不近人情。但这都是我的经验之谈，可谓字字血泪。并且事实证明，他们完全可以靠自己的能力解决问题。

举一个我上大学时的例子。上大学时，我开一辆敞篷小型载货汽车。当时我的朋友们——甚至包括我不太认识的人——经常让我帮他们搬家。这相当耗时耗力，我自然不想干。但我也会答应下来，因为我认为自己应该这样做。

现在看来，这简直大错特错。

如果你长期充当免费搬运工，找你帮忙的人自然少不了。

因此，后来我学会了说"不"。

开始时我非常不适应，因为我已经习惯了有求必应。但最终，转型还是挺成功的。之前的老好人也有了"冷峻"的一面：达蒙会拒绝帮你搬家，别去麻烦他。

结果，找我帮忙的人越来越少，最后完全消失。

我的任务完成。我有更多的时间用于学习（记住，当时我还是大学生）、和朋友外出以及搞副业。我的工作效率提高了，幸福度也直线飙升。

因此，如果对方总要求占用你的私人时间，我强烈建议你拒绝几次。

你可以尝试一下，看看感觉如何。你会发现给别人设置界限可以为自己减压，预防倦怠感的产生，从而提升自己的生活质量。

时间才是我最有价值的资产，我应将它牢牢掌控在自己手中。

步骤7写得很详细，因为这非常有必要。使用时间分块法的同时避免产生倦怠感，这一部分囊括了很多重要内容。请你仔细阅读，一一落实，我保证你的工作效率必会大幅提升。

接下来，我们换个话题，讨论一下你能在休息时间做点什么。你可能已经有很多想法了，但还是读读我的建议吧，可能有惊喜哦！

休闲活动做什么，
总清单来支招儿

> 处理待完成清单中的零散任务，5分钟的休息时间足够了。

根据时间分块法，当你连续工作25分钟后，你要做好休息的准备。但问题是根据时间分块法，休息时间只有5分钟。5分钟几乎什么都做不了，不是吗？

大错特错。

其实你可以在5分钟内做很多事情。关键是你要先进行头脑风暴，提前想好能做什么，以防浪费宝贵的时间。我们要旗开得胜，充分利用好每分每秒。

步骤8没有太多内容（不像步骤7）。我们只需梳理一下，你可以利用5分钟的休息时间能做哪些简单的事情。你可以阅读以下清单中的内容，将喜欢的内容添加到自己的专属清单中，然后将你专属的可做事项清单贴在你的工作区附近。

休息时间可以做的事情

请注意，清单中的大部分内容都是零散的小任务，只适合居家办公一族。5分钟不够你修剪草坪，也不够你去商店为下周的用度做采购。但你可以考虑以下活动：

上卫生间

我们无法抵抗自然法则。当你身体有反应时，当然要执行。虽说如此，但你还是应尽量避免工作时间去厕所，可以等休息时再去。

遛狗

狗也要上厕所。除非你给它装个宠物适用的卫生间，否则你只能带它出去。因此你可以牵上狗，利用休息时间出门遛个弯。这样既解决了狗的大小便问题，也能让你舒展舒展筋骨，一举两得。

给自己煮壶咖啡

研究表明，每天适量摄入咖啡因有助于你提高工作效率。倘若你的肠胃对咖啡因耐受，你可以利用5分钟的休息时间给自己煮壶咖啡。倘若你的肠胃敏感，你可以将咖啡换成红茶，这样既可以避免罹患肠胃病，又能让你摄入一定量的咖啡因。

处理要洗或者已经洗好的衣服

脏衣服和毛巾不会自己变干净，因此你可以利用休息时间把要洗的衣物扔进洗衣机，或者将洗好的衣物扔进烘干机。如此一来，你也能离开桌子，活动活动身体。

舒展筋骨，喝杯水

如果你实在没什么可做的，那就站起来喝杯水。保持工作效率需要充分补水。当然，你也可以在你的写字台上放一个容量大的水瓶，但这样一来，你就失去了舒展筋骨的机会。

简单地做做体育运动

可能你和我一样，已经无数次自我催眠，以时间不够为借口拒绝锻炼身体。也许，你已经把自己说服了。

但事实上，你可以利用这5分钟的休息时间做许多简单的体育运动。例如，伏地挺身、仰卧起坐、深蹲、举哑铃、瑜伽、臀推、平板支撑、弓箭步、跳绳等。

整理办公桌

研究表明，你的办公桌越杂乱，你的头脑就越混乱。但阿尔伯特·爱因斯坦的名言却令我深感欣慰，他说："如果杂乱的书桌意味着杂乱的大脑，那么，空桌子又意味着什么呢?"

对某些人而言，在杂乱的环境中工作可以激发他们的创造力。但整理办公桌能否使工作效率得到改善还有待商榷，也因人而异。

但如果你拿点什么东西都要翻找很久，那么请你抽出时间整理一下办公桌。利用一两次休息时间完全可以做到。唯一的要求是对需要扔掉的东西你要毫不手软，因为你没时间多愁善感。

练习呼吸

大多数人习惯浅呼吸。你端坐在办公桌前、趴在键盘上，这个姿势让你只能进行浅呼吸。遗憾的是，浅呼吸并不利于我们的身体健康。

例如，浅呼吸更易导致大脑缺氧，让人难以集中注意力。浅呼吸容易使你心理压力过大，从而降低工作效率。不仅如此，浅呼吸甚至还会损害睡眠质量。

因此，你可以利用5分钟的休息时间练习深呼吸，让自己更放松，思维更敏捷，从而起到提高工作效率的作用。

清理衣柜

每个人的衣柜都被不穿的衣服、鞋子和各类杂物堆得满满的。即便你买了新衣服，旧的也想不起来扔。时间一长，柜子里堆满了常年不见光的旧物。

所以你为何不利用5分钟休息时间清理一下你的衣柜呢？你不用一次性清理干净，可以挑出几样扔掉，或者捐给慈善组织。但千万别手软。例如，如果你自2010年以来再也没穿过那件挂在衣柜后面的丑毛衣，估计今年你也没什么机会穿这件衣服了，那么你就可选择跟它说再见。

把水槽里的碗洗了（或放入洗碗机）

倘若你不及时清洗，水槽里的脏碗盘肯定会堆积如山。可惜，它们不能自己变干净。因此，除非你可以忍受一连几周不洗碗、不刷杯子，否则你应该每天腾出几分钟时间把水槽里的碗盘清洗干净。

这种休息方式相当完美！

预约饭店，准备享受大餐

每个周五，我都会和妻子出去吃晚餐。这样既能远离工作，放松身心，又能在享受美食的同时享受二人世界。我们经常去的那些饭店在周五总是人满为患，所以我们只去那些接受预定的饭店。

有些饭店接受网上预约，有的只能电话预约。但无论哪种方式，你花几分钟时间就能搞定，非常适合在休息时间完成。

检查信箱（此处指实体邮箱）

我一般在线上完成账单寄付，个人沟通则通过电子邮件和电话（这年头还有人寄信吗?）。因此，我的信箱收到的大部分信件都是广告。

但每隔一周，我家信箱里总会出现几封信件。通常情况下，我会在5分钟内打开浏览并将其扔进垃圾箱。注意，这里的"信件"是由邮差送达的纸质信件，而非电子邮件。关于电子邮件，我将会在"休息时间内避免去做的事情"中进行简要陈述。

听喜欢的歌曲

音乐能让人们暂时远离工作，给大脑以休息时间。研究表明，音乐还能激发人们一系列的生理反应，比如影响血压、改善情绪，甚至促进某些激素的分泌等。据说，音乐还能提高人们的空间推理能力和阅读能力。

话虽如此，音乐种类的选择同样重要。肖邦、莫扎特的古典乐与重金属乐队、埃米纳姆的流行音乐，两者给人的感觉肯定大相径庭。

当然了这个话题不在时间分块法行动指南的研究范围内。总之，利用音乐让大脑放松下来，5分钟足够了。

玩电子游戏

和音乐一样，电子游戏同样能让你暂时远离工作，得到放松。不同之处是，玩游戏需要保持思维活跃。因为大多数时候，你要完成游戏中的某项任务，要么靠技巧，要么你必须全神贯注（通常是两者兼备）。全身心投入需要双管齐下。

根据美国心理协会（American Psychological Association，简称APA）的研究，玩电子游戏可以培养我们解决问题的能力。因此，倘若在日常工作中你经常需要面对各类挑战，你不妨利用休息时间打打游戏。除此之外，玩游戏还能提高神经元处理信息的速度，培养专注力。

玩游戏并非如许多人想的那样，是单纯浪费时间。

但有一点我要提醒各位注意：你要选择可以在几分钟内搞定的关卡制游戏。

例如《水滴解谜》（Quell）。这个游戏不仅画面漂亮，而且各个不同难度的关卡都可以在60秒或者更短时间内完成。并且解谜游戏还可以训练你的专注度，能让你全身心投入其中。你用智能手机或平板电脑就能下载这个游戏，它在亚马逊（Amazon）平台免费，iTunes[1]上则需要付几美元费用。

其他可考虑的游戏包括《字字消除》(*Free Word Wrap*)、《猜单词游戏》(*Hangman*)、《怪兽克星》(*Monster Busters*)、《复古机器人的攻击》(*Retro Attack*)和《单人跳棋》(*Solitaire*)等。这些游戏都可以在短时间搞定，不像《光环》(*Halo*)或者《使命召唤》(*Call of Duty*)等需要耗费大量时间。这类小游戏多达上百款，你可以用手机免费下载，也可以在网页上直接线上操作。

眺望远方

辛苦的工作暂时告一段落时，你是否曾去户外，眺望一下远方？呆呆地盯着远处的树、天上的云或者一湾宁静的湖，那种感觉是多么奇妙。你甚至可以端坐长凳之上，静观车来车往，进入一种近乎被催眠的状态。

这真是一种完美的幕间休息！既能让你放松身心，又能帮助你释放压力。

---

[1] 这是一款由苹果公司研发的，可以在苹果设备上使用的数字媒体播放程序。

小贴士：你可以提前定个闹钟。否则，你很容易被"过度催眠"。

清缴账单

理想的状态是你安装了线上账单自动清缴程序，这样节省时间，不必人工操作。如果没安装，你就可以利用休息的时间清缴账单。倘若你做事有条理，5分钟完全够用。

如果选择线上清缴，你可以在浏览器里创建一个文件夹，用书签标注好每家供应商的网址。在工作时间结束后，你可以点开标签直接清缴，不必再拆开纸质单据查看待还金额，网站上会予以标明。

倘若填写支票，你就要加快工作进度。因为你打开纸质单据、填写支票、贴邮票都需要耗费时间。如果单据过多，5分钟可能不够用，不如借此时机改成线上清缴吧。

弹吉他（弹钢琴、拉小提琴等）

如果你是乐器爱好者，可以利用休息时间练习自己喜欢的乐器。这样既暂时远离了工作，又能保持思维活跃，还能舒展筋骨。不仅如此，你的技艺也会提高。

顺便提一句，你想在5分钟内练习拉赫玛尼诺夫《升c小调前奏曲》不太现实，还是找个时间比较长的休息时段，或者干脆完工后再练更好。在这5分钟内，你可以爬爬音阶，把重复乐段或者旋律最优美的乐段巩固一下即可。

分块打扫房屋

几乎没人喜欢打扫房屋。除尘、擦地、扫地……如此枯燥乏味的工作谁也不爱干。但如果你像我一样，既爱干净，又疲于面对堆积如山的清扫任务，利用休息时间打扫房屋也许是个不错的选择。

对我而言，打扫是一项过于庞大的工程。我把所有东西清理干净需要数个小时，因此以前每次想到大扫除我就头疼不已，能不干就尽量不干。虽然这样做不能解决问题，但出于对家务活的本能性厌恶，我依然选择了逃避。

最近，我找到了较好的解决办法：利用休息时间做家务。第一个时间分块开始前，我会把吸尘器、除尘布、扫帚和洗碗剂放在我容易拿到的地方，避免再次翻找。工作告一段落后，我开始分块打扫房屋。

我可能会用吸尘器清扫某个房间，把昨晚没刷的盘子刷完，或者用拖把擦卫生间的地板。我干活很快，因为我不是完美主义者，也不想在家务上花费太长时间。反正我家也不会登上《安邸AD》（*Architectural Digest*）或者《美丽家居》（*House Beautiful*）的封面，我的目标是以最快的速度把房间清理干净。

如果你家需要大扫除，但又不想雇钟点工，你也可以试试利用休息时间分块打扫房屋。记住你要提前做好规划，弄清每次休息需要打扫的区域，然后把工具准备好，放在随手可拿的地方。

清理你的座驾

上大学时，我的车里非常杂乱。除非要和女孩约会，我才会特意清理一下。之后，我居然奇迹般地把车擦得锃亮。如今情况不同了，我车里可是相当干净。

我的秘诀如下：

第一，我是极简主义者，没有乱堆东西的嗜好，因此我车里很少有垃圾。

第二，如果我有需要扔的东西（比如，放在杯托里的星巴克纸杯），我会利用休息时间将其扔掉。

如果你的座驾需要清理，我建议你利用休息时间完成。除非你车里的垃圾已经堆了好几个月了，否则几分钟内搞定不是问题。毕竟大多数东西都可以直接扔掉。

叠被子

不喜欢叠被子铺床？对此我深有同感。我最爱干的事情里决不包括叠被子。但我和太太都喜欢保持床铺整洁，所以叠被子还是有必要的。

利用休息时间叠被子正合适。工作一段时间后，你可以离开办公桌，在叠被子的过程中舒展舒展筋骨，促进血液循环。

你没必要起床后立刻叠被子，除非这样做有助于你提高工作效率。你可以把这项活动留到休息时间。

整理抽屉和橱柜

如果你们家的抽屉和橱柜总是整整齐齐的，我必须向你致敬。这的确值得表扬。

我们家的抽屉和橱柜很难维持整洁。周一刚整理过，周五又乱得不像样。我们夫妻俩的东西太多，所有橱柜和抽屉都塞得满满的。放袜子的抽屉"袜满为患"，放碗碟的橱柜"碟满为患"，餐叉和餐刀同样多得不行，就算一支军队来我家吃饭，都不用发愁餐具不够。

最近，我经常花上几分钟整理抽屉和柜橱，采取各个击破的战略，效果十分显著。在厨房里翻箱倒柜找东西，满眼凌乱的日子总算一去不复返了。现在我找什么都很容易。

各位可能猜到了。我正是利用休息时间整理抽屉和橱柜的。如果你的抽屉和橱柜总是凌乱不堪，不妨试试这个办法。同样，你要先做规划，想好你要整理哪几个抽屉和橱柜，然后逐步进行。

访问你最喜欢的笑话集锦网站

高强度工作后，读读笑话是最好的放松，这样能让你暂时远离工作，给大脑以休息时间。在你精神高度集中了25分钟后，如今只需发自内心地大笑几声，你的疲劳就会立马被一扫而光。

关于笑话的网站比比皆是，你可以选择适合自己的、感兴趣的网站并保存下来，在你休息的时间赶快点开读一读。

阅读喜欢的连环画

连环画和笑话集锦网站有着异曲同工之妙：都能通过幽默感让你暂时远离工作，摆脱高压环境。读读笑话，看看连环画，5分钟就足够了，不用花费过多时间。事实上，5分钟足够你读完几个连环画的了。

我是连环画的忠实拥趸。寥寥数笔，几幅小画就引得你暗暗发笑——甚至开怀大笑——作者的笔力果然不同凡响，真希望我也有那种才华。在此，我向大家推荐几个我喜欢的连环画：

- 呆伯特系列（*Dilbert*）
- 卡尔文与跳跳虎系列（*Calvin & Hobbes*）
- 《安迪·开普》（*Andy Capp*）
- 《杜恩斯比利》（*Doonesbury*）
- 《布鲁姆县》（*Bloom County*）

你也可以根据自己的喜好，选取感兴趣的漫画。如果你在网页上看，可以在浏览器创建一个文件夹，然后快速链接到你喜欢的漫画作品。这样你就不用每次花时间另找了。只需打开文件夹，点击"打开所有书签"就可以阅读了。5分钟，完全可以搞定！

回顾你的短期和长期目标

你应该制订了一份详细的规划案，明确在接下来的几个月，甚至几年里你要达到何种目标。仅有想法不行，你还要写下来，这样才能更明朗、清晰，更有利于把模糊的想法变成实打实的目标。许多成功的企业家和商业大佬都会把自己的目标写出来，有的甚至做成小纸条，塞进钱包里。

把目标写下来你才有机会回顾。这项活动很适合休息时间去做，几分钟就够了。

定期回顾目标也非常重要，它可以帮你实施自我监督，看你是否取得了进步。如果你的目标足够有效，追踪机制足够完善，你随时可以驻足观望，看看是否偏离预设的轨道。不仅如此，你还能对规划及时做出修正，找到不太重要的目标，降低其优先度。

　　同时，你可以利用几个休息模块完成目标评估，随时监督任务完成进度。在梳理目标清单时，你可以问问自己，每个目标是否依然重要。如果答案是肯定的，那就确认自己有没有偏离轨道，以及能否在截止日期前实现该目标。

确认并抽时间完成待做清单上的小任务

　　我在步骤2中提到了分批处理任务。意思是我们可以利用一整块时间（例如25分钟）集中处理一批小任务，这样做既有效率，又有条理，真正做到了省时省力。

　　总而言之，这是个好办法。

　　也许你和我一样，待做清单上写满了需要抽时间完成的零碎任务。我从自己的"待完成"清单上截取了几项作为例子：

- 选择一项针对腹部肌肉的练习。
- 购买保罗·詹米奈特（Paul Jaminet）的《完美的健康饮食》（*Perfect Health Diet*）。

- 在鲨客（Grooveshark）[1]里创建范·海伦乐队（Van Halen）的歌曲播放列表。
- 购买车险。
- 为今年的第一季度印制日历。
- 弄清山芋中含有多少纤维素。

你看到所列的这些任务了吗？每个小任务只需1分钟左右就能完成。在我10分钟的休息时间，一口气可以做完好几个。（记住，我的作息时间经过了二次调整，并非默认模式。）这些任务对我很重要，但它们会在短时间内堆积如山，让我的待做清单上的内容急速增长。

我可以利用休息时间减少清单上待处理事项的数量。

休息时间避免去做的事情

迄今为止，上文提及的所有活动都可以在5分钟内完成，不必担心偶尔会拖延时间。现在，我们讨论一下哪

---

[1] 一个在线的音乐播放网站，类似于中国的虾米音乐。

些活动不宜占用休息时间，或者至少留到时间更充裕时再进行。

我要先谈的便是查收电子邮件。查收电子邮件时，你很容易沉溺其中，造成时间浪费。也许，你只想用5分钟给客户、朋友和家人回封信，但不知不觉间，20分钟就过去了。因此你可以把电子邮件留到午休或收工后再进行处理。

和电子邮件相比，社交媒体更具魅惑力。让你的工作效率消失殆尽，让时间分块法功用全无，社交媒体当真"功不可没"。也许你对此颇有经验，所以你还是等工作全部完成再浏览吧。

对好奇心旺盛者来说，视频网站也绝对是个大"坑"。如果我在听ZZ Top乐队的歌，我肯定会查查他们都出过哪些专辑，开过几场演唱会，也许还得读读维基百科上关于他们的介绍，等等。对我而言，视频网站就像是毒药。倘若你像我一样，自制力不强或者好奇心旺盛，切忌利用5分钟休息时间打开视频网站。

新闻网站和视频网站一样糟糕。大多数的新闻标题极具诱惑力，让你欲罢不能，非得读完整条新闻不可，网页两侧同样充斥着诱惑力很强的标题。这就让你如同爱丽丝掉进了兔子洞一般，对眼前的形势已然失去掌控。所以，你应该先把活干完再读新闻，或者干脆把读新闻戒了。

别回电话。因为你一旦与他人聊上瘾，你的休息时间将不得不延长。记住，自己的时间只能靠自己争取，该行动时就行动，别犹豫。

你想在休息时间登录自己喜欢的博客或论坛？请你务必三思。在这段时间，你读个篇幅较短的帖子可以，留言评论、发帖回复就免了，别给自己找麻烦。众所周知，在博客或者论坛上，一旦有人反驳你，你必然要为自己辩护。那你想想你会因此浪费多少时间。

这可是经验之谈。

避免互动，杜绝深层次思考。在休息时间，你要做的是休息，让大脑得到充分放松。唯有如此，你才能精力充沛地投入新一轮工作，完成另一个时间分块。如果在休息时你还在思考过于复杂的问题，那么你的大脑永远也得不到休息，长远来看，工作效率可能得不到保证。你可以把需要耗费脑力的活动留到傍晚，等你关上电脑收工后，思考什么都无所谓。

还记得我说过步骤8相当简短吗？显然，我说谎了，它远比我想象得要长。抱歉。但可喜可贺，我为你们提供了内容丰富的活动清单。所以，如果你在休息时间不知道做什么的话，参考上文即可。

接下来是工具指南，我会向你介绍利用哪些工具才能从时间分块法中获取更多收益。

拓展工具箱，寻求最优化

> 如果你想充分利用时间分块法，在各式各样的手机应用和电脑软件里选择一款辅助性工具即可。

我对电子产品和应用软件兴趣寥寥，也没有进行过全面的研究。相比智能手机，我更喜欢只能接打电话的老式手机。现在，市面上关于时间管理、项目管理和头脑风暴的应用程序（Application，简称App）数不胜数，但我更喜欢拿笔在纸上写写画画。在使用时间分块法时，我也更偏爱老式闹钟，而非在线计时软件。

话虽如此，我却在一边谈时间分块法一边又反对现代科技，倒有点像执意和风车作战的堂吉诃德了。如今，可用于工作的辅助类App越来越多，并且种类和数量急剧增长。既然如此，我不妨在步骤9中向大家介绍几款，供大家参考。

以下几款工具作用完全一样，只是显示界面不同。

有的还能发出铃声或口哨声以作提醒，也许对你有用。我只对其显著特征进行简要介绍，便于各位结合自身情况与喜好做出选择。

不过，在此之前我要做以下两点说明：

第一，辅助性App浩如烟海，我只能简单介绍几个，不可能把所有的都列出来，因为这类工具的数量每天都在增长，要想将所有的工具介绍完是一项不可能完成的任务。

第二，下文提到的App和辅助性工具，大多数我都没用过。重复一遍，我对电子产品兴趣寥寥。我喜欢简单的方法，或者至少不用依靠其他辅助性工具就能有效实施的方法。我甚至想教给各位如何摆脱App，不受电子产品的束缚。这才是本书的奥义所在。所以请你不要在App介绍上花费太多时间，而把时间留给最重要、能为你带来长远价值的内容。

那么，我们要以何种态度看待这些App呢？我的建议如下：以App为契机，找出能充分利用时间分块法的最优解。换句话说，不要被它们的"炫酷的外表"所迷惑，多想想这些App怎样能帮你提高工作效率。

很多App可以帮你管理待完成事项清单，但请切忌把眼光局限在工具上。说得更直白些，所有App都要更新，甚至会被功能更强大的同类所替代。

不要感叹Remember The Milk（简称RTM）的功能多么强大——虽然在我看来，这的确是好事——而要多想想它如何满足了你的某项需求：管理待完成事项清单。使用这些工具，你可以使用标签、日程提醒甚至与他人合作等多种功能。你要研究这些功能如何提高了你的工作效率。

我保证今后会有更多功能更强大、使用更方便的App或者小程序上线。你别总惦记优中选优。再说一遍，这是不可能完成的任务。

闲话少叙，让我们回归正题。

Remember The Milk

我在前文中提到过Remember The Milk（在线待办事项列表与任务管理）这款App，这里简要介绍几点它和时间分块法相关的功能。

RTM是一款任务管理App，但请你不要把它当作纸笔的替代品。RTM功能很多，十分强大且实用，操作也很简单。对我来说，这点最重要。

RTM对时间分块法的使用有何用处呢？"放手去做"的拥趸肯定喜欢，因为它支持无限清单模式。这个App可以让你给每个清单贴好标签，便于确认；并且你还可以按照任务的优先度自行创立标签；待完成事项可按日期排列，或者单独放置；你也可以用RTM处理那些需要定期完成的固定任务，比如付有线电视费等。当然，RTM还有更多功能，你可以访问RememberTheMilk.com自行查看。

该App可免费使用。但如果你想升级专业账户，解锁更多功能则需要付费。我建议你可以先尝试免费版。

适用平台：浏览器，智能手机，平板电脑（安卓或MacOS/iOS）。

Toodledo

Toodledo配合"放手去做"工作法使用效果最佳。这是一款线上任务管理工具。在此工具上，你可以创建任务清单，对任务按优先度排序，并能分享给他人。你可以将待完成任务列入清单、设置提醒事项、定制专属日历，哪天该干什么一目了然。Toodledo还能帮助你做项目概述，记笔记并监督项目进程。它的操作界面能让你极易上手。

以上内容只是该软件的冰山一角。Toodledo有很多实用功能，非常适合"放手去做"工作法的粉丝以及喜欢使用线上工具提高工作效率的人。我的一位朋友多年来一直使用Toodledo，并对其爱不释手。但我也不得不承认，它的强大功能着实让我望而却步（还记得吗，我是古早派，喜欢用闹钟、纸和笔）。

Toodledo是"免费增值"类App。这就意味着你可以免费使用，也可以每月付费，以解锁更多附加功能。即便你选择付费模式，也可以随时取消。并且，使用此工具你不用下载，只需登录Toodledo.com即可。

适用平台:浏览器,也可兼容智能手机或平板电脑(安卓或MacOS/iOS)。

Omnifocus

Omnifocus旨在让你的生活更有序。这款以"放手去做"工作方法为设计灵感的App可以帮你管理任务清单。

虽然这款App的目标单一,但执行起来却十分复杂。Omnifocus试图按领域将待完成任务归类,协助你管理任务清单,让你避免因信息过于庞杂而迷失方向。这个任务可相当艰巨。

在Omnifocus上,你可以设立项目,在每个领域里创建任务清单。该应用的操作界面和Evernote的组织规划界面颇为相似。你也可以使用过滤器,随时处理需要优先完成的任务。针对任务内容,Omnifocus还提供就近定位功能,提醒你去附近商铺或者相关目的地完成对应工作。

这款App貌似还能绘制学习曲线,但对使用者的要求过高。如果你打算尝试,请提前做好准备,否则就等着迎接挫败感吧。

Omnifocus主要提供给Mac用户。因此，你可以通过iPhone、iPad、Macbook Air或Pro，以及其他型号的Mac登录。该软件没有免费版，根据用户使用设备的不同，其价格也不同。iPhone版价格最便宜，iPad版稍贵，Mac版——包括标准版和专业版——最贵。

你可登录Omnigroup.com或者iTunes应用商店下载购买。

适用平台：MacOS（iPhone、iPad等）。

Promodoro

Promodoro专为iPhone和iPad用户打造。其直观的界面让你用起来更得心应手。你还可以根据需要设定工作和休息时长，保证自己不分心分神。

当工作模块和休息时间结束时，Promodoro会自动发声提醒（你可以关闭此功能）。即便你的手机或iPad处于关机模式,该软件的提醒功能仍会被触发。你可以通过Promodoro,检视时间分块法的执行情况,可以评估工作进度,看看是否达到了你的最低要求。

你可以从App Store下载。

适用平台:Mac iOS(iPhone或iPad)。

Focus Time

打开Focus Time(集中计时器),其亮丽、吸睛的界面足以让你印象深刻。该软件鲜艳的颜色——明黄色、鲜红色、青草绿色——能反映你设定的单位分块的工作进度。除此之外,你可以在倒计时界面的最下方看到自己一天内完成了几个时间分块。因此,Focus Time绝不仅仅是个电子计时器。

你可以根据自身需要调整工作和休息时长。当你工作、休息结束后,你想听何种提示音也可由自己做主。

你可以从App Store下载。

小贴士：千万不要和"It's Focus Time!"搞混了，两者完全不同。"It's Focus Time!"已经很久没有更新了，因此我没将其纳入工具清单内。

适用平台：Mac iOS（iPhone或iPad）。

Eggscellent

如果你是Mac用户，而且需要另一款时间管理工具，Eggscellent会是不错的选择。它以计时器和任务清单管理为主要功能，再配以华丽的外表。不仅如此，你的Omnifocus（前文曾介绍过这款软件）账户上面的内容还可以导入Eggscellent，方便你进行处理。

界面有趣是它最大的卖点。当你开始执行时间分块法后，你的电脑屏幕上会出现一个未成熟的番茄，而随着你完成的时间分块越来越多，番茄会逐渐成熟，最后从藤蔓上掉落。

显而易见，该软件的研发者们的确花了不少心思，但他们的心血没有白费，视觉派绝对会爱上这款工具。你可以登录Eggscellent.com或Mac应用商店下载。

适用平台：OS X 10.6.6或更高版本的Mac。

Evernote

我爱Evernote（印象笔记），这是我喜爱的线上工具之一。数年前刚开始用时，我对它的强大功能一无所知。和许多人一样，当时我只用它来创建任务清单或者记笔记，以供日后参考。当我深入了解了Evernote的其他功能后，我对它爱不释手，使用频率也越来越高。我工作效率的提升，Evernote功不可没。

你能用Evernote做什么呢？答案有很多。你可以记录重要且易忘的信息，例如修理工的电话号码、就诊记录和机动车辆管理局的相关信息等。你也可以安装Evernote的Web Clipper应用，收藏文章供日后参考（这比书签好用多了）。小说家则可以随时记录灵感，再逐渐填充，让故事更丰满。

当然，以上内容只是该软件功能的冰山一角。现在市面上有很多专业书籍，都对Evernote进行了全方位介绍。（我也打算写本书，想利用Evernote提高工作效率的朋友们不妨期待一下。）

如果你还没用过Evernote，我强烈建议你注册一个账号。不求一步到位，你可以从最简单的功能开始，逐渐适应Evernote的界面。例如，你可以创建几个任务清单，学习如何设定标签、建立文件夹，整理正在进行的项目，设定几个任务提醒，等等。

Evernote是一款免费增值软件，但其免费版非常出色。如果你想解锁更多功能，包括线下办公和PDF标注，可升级至白金版。

适用平台：浏览器，兼容智能手机或平板电脑（安卓或 Mac/iOS）。

关于工具箱的几点思考

也许你会这样想："等等，这就完了？！不是至少有几百款App供我选择吗？"

没错，的确已经结束了。如果你真这样想，你很可能已经沉迷于效率式工具无法自拔。当你有效使用时间分块法时，摒除多余细节甚为关键。

你要着眼于根本。老式闹钟、线圈装订的笔记本，这传统的两件套足以帮我跟进任务清单，把握工作进度。因此我强烈建议你模仿我的做法。倘若你需要借助某款工具完成一个具体任务，那么一定要选择最适合自己的。

你要由简入手，避免把时间浪费在挑选工具上。工具只会日新月异，今后新的工具一上市，旧的立刻被淘汰掉。你在工具选择上浪费时间越少，用来做事的时间越多。当你完成工作后，自己就可以决定想见什么人，想做什么事。

拒绝纸上谈兵，赶紧行动起来

> 少了实践环节，学再多知识都没用。所以，赶紧行动起来，把你学到的知识应用于实际生活中吧。

步骤10是最重要的，这点不容置疑。如果你少了实践环节，本书便形同废纸。

"真理来自实践。"我很早就强调过这点。你如果想通过时间分块法提高工作效率，唯一的途径是把它运用到你的日常工作中。

时间分块法的整个过程看似简单，但当你放手去做时，会发现它一点都不容易。和养成某种习惯一样，将时间分块法运用到你的日常工作中同样需要坚持和勤勉。大脑不喜欢被控制，也不喜欢遵守规则，当开始使用这一方式时它的反抗必然相当强烈。你不得不约束大脑，强迫它服从新规，最大程度上杜绝分心分神。

读完本书后，很多人都会这样想："时间分块法绝对能帮我提高工作效率！我先研究研究再用。"

　　我的朋友，请你不要犹豫，今天就开始吧。你不需要做任何多余的研究，时间分块法会为你带来哪些益处以及如何使用，书里已经写得很详细了。

　　在使用过程中你不需要立刻改变原有的工作方法，从最简单的做起就可以。你可以先抽出半小时，将闹钟设定为25分钟，然后专攻某项工作；25分钟过后，再休息5分钟。

　　无论你有多忙，完成一个时间模块还是很轻松的。你可以先试试水，确定时间分块法是否积极有效。我保证，一旦你开始尝试，你就停不下来了。与此同时，你的专注力会大幅提高，不会再因社交网站、新闻网站和你最钟爱的博客分心分神。

　　别再犹豫了，今天就行动起来吧！

关于时间分块法的最后思考

　　提高工作效率并非一局定胜负，赢了就可以结束的事情，这可是长期战斗，需要你长期的投入与坚持。你的态度一旦有所松动，即便只是很短的一瞬间，思维就会立马脱轨。

你宁愿刷社交网站，也不愿好好写报告，周末给老板交差。

你宁愿在视频网站上看宠物视频，也不想把文章写完，投稿给行业刊物。

你宁愿和朋友打电话聊天，也不愿花时间解决网站或服务器碰到的问题。

……

当工作与玩耍"对阵"，玩耍占据上风时，你的大脑和你家狗狗差不多，都是爱玩的淘气鬼，自律就别想了。你的工作是给大脑定下规矩，把活干完再玩耍。时间分块法可以替你解决这个问题。无论大脑如何反抗，坚持照章行事。

时间分块法将彻底改变你的工作模式。工作效率提升了，你就有更多时间做自己喜欢的事。你在头脑风暴上多花些时间，构思创意，能让创造力爆棚。

这些都是经验之谈。

如果你还在犹豫，请问自己以下两个问题：

（1）现在试用时间分块法是否会对自己造成损失？

（2）将时间分块法运用到日常工作中，在未来的几周、几个月甚至几年里，你会有何种收获？

作者手记

撰写本书的过程对我而言可谓是痛并快乐着。

一方面，完成一部新作品绝对值得庆贺。因为，通过本书，很多读者都将受益其中，我可以切切实实帮到大家，让大家的生活质量得到提升，这令我尤感欣慰，这种激动之情无法用言语来表达。

另一方面，我花了好几个月的时间才完成本书，这是我始料未及的。

其中一个原因是我想写的东西太多了。在动笔前，我花了大量时间做前期调研。（Evernote这款软件绝对功不可没。）

另一个原因是我完全不知道如何出版一本Kindle读物。写书是一回事。学习排版、设计封面和内容简介、书籍营销推广等则是另一回事。

毫不夸张地说，我完全要从头学起。

许多"专家"宣称只要购买他们的排版软件，购买者就可以在一周内写出畅销的Kindle读物。对此，我持怀疑态度。

当然，下一本书就容易多了。我已经掌握了排版、封面设计、撰写书籍简介等一系列必备技能，剩下的自然水到渠成，而且我已经着手在干了。

最后再啰唆一句，时间分块法是否提高了你的工作效率，我希望听到各位的真实反馈！